これがおから？な
Dailyレシピ

カロリーも糖質もゆるやかにOff

高橋典子
Noriko Takahashi

文化出版局

目次

おからはスーパー健康食です！　高橋典子　3
おからを食べて、ヘルシーになろう！　大西睦子　85

おからで主食　4

ご飯控えめ、おからのリゾット　4
ご飯なし。おからのオムライス風　5
おからがたっぷりケークサレ　6
おから入り、もちもちふわふわパンケーキ　7
おから入りかぼちゃのニョッキ　8
ラザーニャもおからで　9
おから、豆乳、白みそのグラタン　10
皮も中もおから入りのキッシュ　11
おからのクスクス　12
おから入りのおいなりさん　13
ご飯を使わないてまりずし　13
ちらしずしにもおからを入れて　13
おから入りの水ギョウザ　16
食べても太らない?!おからのお好み焼き　17

これがおから？な
メーンディッシュ　18

肉巻きおからのすきやき風味　18
おから入りハンバーグ、きのこソース　19
おからのコロッケ2種
　（えび入りカレー味の豆腐とおからのコロッケ／
　じゃがいもと牛肉とおからのコロッケ）　20
おからのカレー3種
　（白いチキンカレー／野菜たっぷりキーマカレー／
　カラフル野菜のカレー）　22
おから肉だんごの獅子頭鍋　24

もう一皿のおから料理　26

おからたっぷりのサラダ3種
　（おからのタラモサラダ風／
　おからとキヌアの野菜たっぷりサラダ／
　おからのポテトサラダ風）　26
おからのサモサ　28
おからと豆腐のナゲット　29
おから、にんじん、明太子の炒め物　30
おからのトリュフポテト　31
おから入り魚のすり身揚げ　32
おからたっぷりの麻婆豆腐　33
おから、ピーマン、なすのみそ炒め　34
具だくさんのおから入り卵焼き　35
かぶのサラダ、おからドレッシングあえ　36
キャベツと塩切り昆布のおからあえ　37

おからとトマトと卵の中華炒め　38
おからの揚げワンタン　39
おからも野菜もたっぷりの中華風肉みそ　40
おからと卵のあっさりスープ　41
おからと山芋のおやき3種　42

おからでごちそう　44

おからで洋風おもてなし
　（おからのパエリャ／おからとアボカドの冷製スープ／
　おからのディップ5種／ウィークエンドケーキ）　44
おからで和食のおもてなし
　（おからのもちもち麩と野菜の炊合せ／卵の花汁／
　おからと柿の白あえ／おから白玉小豆）　48
おからで中華のおもてなし
　（おから入り肉だんごの甘酢あんかけ／
　おからのチャーハン／卵の花中華風）　52

やっぱりスイーツも！　56

おからのキャロットケーキ　56
大人のチョコレートケーキ　57
おからとかぼちゃと紫いものさくさくクッキー　60
抹茶のしっとりパウンドケーキ　61
おからと桜のシフォンケーキ　64
おからとルバーブのタルト　66
おから&ナッツ&フルーツグラノーラ　68
おから入りゆずきんとん　70
おからと梅のこはくかん　71

おからパウダーで
もっとヘルシーに　72

おからパウダーで基本のホワイトソース　73
おからパウダーでヘルシー揚げ物
　（白身魚のフリッター／チキンキエフ、バジルソース添え／
　揚出し豆腐の大根おろし添え）　74
おからパウダーは、ポタージュスープのとろみつけにも！
　（カリフラワーのポタージュスープ／
　赤パプリカのポタージュスープ／
　マッシュルームのポタージュスープ）　78
おからで作るクルトンが大活躍！
　（おからパウダーのクルトン／
　基本のホワイトソースで作るほうれん草のポタージュスープ／
　おからパウダーのクルトン入りシーザーサラダ／
　おからパウダークッキーとベーコンのおつまみ）　82
おからパウダーは、朝食メニューにも欠かせません
　（おからと小松菜、バナナのスムージー／
　フルーツヨーグルト／オートミールのアガベシロップ添え）　86

おからはスーパー健康食です！

　おからは、豆腐のしぼりかす……!?　いえいえ、だからといって軽く扱うのはまちがっています。おからには食物繊維はもちろんのこと、良質のたんぱく質やイソフラボン、ビタミンEをはじめ、多くの栄養が含まれています。加えて低カロリー、低糖質、しかも経済的で、手に入れやすい、極めてすぐれた食材なのです。

　日ごろからおからをいただいていた私ですが、この本のメニューを作るにあたり、いつにもまして試食を繰り返していたところ、なんと、1か月で3kgも体重減に！　けっこうな量をいただいていたにもかかわらず、です。

　ご飯の代りにおからを使ったおすしやオムライスは、糖質制限をしている人にも喜ばれることでしょう。

　最近は、乾燥おからを加工して常温で保存できる「おからパウダー」も入手しやすくなり、さらに料理の幅が広がってきました。

　毎日の食事に、飽きがこない和洋中のおからの献立で、体の中から健康や美しさを実現しましょう！

高橋典子

この本の大さじ1は15㎖、小さじ1は5㎖です。

●おから
一口におからといっても、味はさまざま。おいしい豆腐屋さんのおからは、やはりおいしいのです。私は家の近くの「豆富にとう」さん（電話03-3705-1171）のおからを愛用しています。ここのおからは水分量が少なめ。お菓子におからを使うときは、おからの水気が多いと思われたら、電子レンジでちょっと水分を飛ばすといいでしょう。残ったおからは、冷凍保存もできます。

●おからパウダー
おからパウダーはメーカーにより、粒の大きさや香りなどにもかなり違いがあります。ザクザクした食感が欲しいp.20のえび入りカレー味の豆腐とおからのコロッケと、p.75のチキンキエフ以外は、北海道札幌市の「ユウテック」さん（電話011-563-5333　http://www.rakuten.co.jp/yourtec/）の「超微粉おからパウダー」を使っています。

●オリーブ油
オリーブ油はすべてエクストラバージンオリーブ油を使っています。

●オーブンの温度
予熱をするものは、あらかじめ焼く温度より10℃上げて温めておきます。扉を開けたときにすぐに温度が下がるからです。焼きはじめたら、設定温度に合わせ直してください。この本では、電気式のコンベクションオーブンを使っています。オーブンによって焼上りの時間もかなり変わってきますので、初めは短めに設定し、様子を見ながら調節してください。

●電子レンジは600Wです
この本では、600Wを標準に作っていますので、ご家庭の機種やパワーに応じて、加熱する時間を調節してください。

●粗製糖
粗製糖は精製度が低い砂糖です。ミネラル分が多く、黒糖ほどくせがないので、料理やお菓子に使いやすい味わいです。白砂糖などよりは体にやさしいので、お菓子作りによく使います。

おからで主食

カロリーや糖質を制限している人にもうれしい、おからの主食。朝食や3時のおやつにもどうぞ。

ご飯控えめ、おからのリゾット

遅い時間のお夜食や、おなかにやさしいものをいただきたいときにぴったりの、おからたっぷりの簡単レシピです。
少しだけ加えたご飯のつぶつぶが、ほどよい食感になります。
中に入れる野菜は冷蔵庫に残っているものでかまいません。

1人分の熱量311kcal、糖質26.2g

材料(4人分)
玉ねぎ 中1個
トマト 中2個
マッシュルーム
　(しめじやえのきだけでも)
　1パック
オリーブ油 大さじ2
スープストック 800mℓ
ご飯 200g(茶碗に1⅓杯分)
おから 240g
パルメザンチーズ 大さじ4
卵 2個
塩、こしょう 各適宜

作り方

1. 玉ねぎは粗みじん切り、トマトは横半分に切って種の部分を取り、1cm程度のざく切りに、マッシュルームは3mm程度の薄切りにする。
2. 鍋にオリーブ油を入れ、中火で玉ねぎを炒め、しんなりしてきたらトマトとマッシュルームも加え、さっと炒める。
3. スープストック、ご飯を加え、ふつふつと煮立ってきたら、おからを加えてさっくり混ぜる。水分が少ないようなら、適量の水を加えてもいい。パルメザンチーズ、といた卵を加え、さっと混ぜたら、塩、こしょうで調味する。

ご飯なし。
おからのオムライス風

カロリーの高いオムライスなんて
とてもとても……とあきらめていた方に
おすすめしたいレシピです。
おからをしっかり炒め、
スープストックで水分とうまみを補うと
ご飯に負けないおいしさに。

1人分（上のケチャップ含まず）の熱量526kcal、糖質13.9g

材料（1人分）
玉ねぎ　中¼個
鶏肉　40g
しめじ　¼パック
バター　10g
おから　80g
スープストック　50～80ml
ケチャップ　大さじ2
塩、こしょう　各適宜
卵　2個
サラダ油　大さじ½
パセリ（葉をみじん切り）　½本分
ケチャップ（好みで）　適宜

作り方
1 ケチャップおからを作る。玉ねぎはみじん切り、鶏肉は1cm角に、しめじはみじん切りにして、バターをとかしたフライパンで順に炒める。
2 1におからを加え、スープストックを注いでよくなじませ、ケチャップ、塩、こしょうで調味する。
3 別のフライパンにサラダ油を熱し、軽く割りほぐした卵を流し込み、箸でかき混ぜて半熟にしたら、2を横長に置いて卵で包む。
4 皿に盛り、パセリを散らして、好みでケチャップをかける。

おからがたっぷりケークサレ

朝食に、そしてちょっとおなかがすいたときに、カロリーが控えめで
栄養バランスのいいこんなケークサレはいかがでしょう？
おからがたっぷり入っているので、しっとりおいしく仕上がります。
中に入れる具は、この他好みのものでもけっこうです。

1人分（8等分）の熱量173kcal、糖質10.9g

材料（18×8×高さ6cmの パウンド型1台分）
具
- 玉ねぎ　小½個
- じゃがいも　中1個
- ミニトマト　4個
- ブロッコリー　60g
- ベーコン（薄切り）　2枚
- 黒こしょう　適宜

オリーブ油　60mℓ
砂糖　大さじ1
塩　小さじ½
プロセスチーズ（粉）　大さじ2
卵　2個
薄力粉　60g
ベーキングパウダー　小さじ1
おから　100g

作り方

1　中に入れる具を準備する。玉ねぎは粗みじん切りに。じゃがいもは皮をむいて1cm角に切り、蒸すか電子レンジでやわらかくする。ミニトマトは¼に切り分け、ブロッコリーは1cm程度の小房に分けてさっとゆでる。ベーコンは5mm角に切る。玉ねぎとベーコンは一緒にさっと炒め、黒こしょうを加えて冷ます。

2　ボウルにオリーブ油、砂糖、塩、チーズ、ときほぐした卵を入れて、混ぜる。

3　薄力粉とベーキングパウダーを 2 のボウルにふるい入れ、おからも加えて、さっと混ぜる。1 の具のうち、ブロッコリーとミニトマトは⅓くらい残して、あとはすべて加えて混ぜる。

4　バター（分量外）を薄くぬり、薄力粉（分量外）をはたいたパウンド型に 3 の生地を流し込み、取り分けておいたブロッコリーとミニトマトを飾りにのせ、180℃に予熱したオーブンを170℃に設定し、40分程度焼く。オーブンの下段で焼くと、上の飾りが焦げるのを防ぐことができる。

材料(6枚分)
卵　1個
豆乳　70ml
サラダ油　大さじ1
粗製糖　小さじ2½
薄力粉　80g
ベーキングパウダー
　小さじ1(3g)

おから　50g
プレーンヨーグルト　50g
好みのコンフィチュール、
　メープルシロップ、
　アガベシロップ、
　バターなど
　適宜

おから入り、もちもちふわふわパンケーキ

大人気のパンケーキ。
手軽な材料だけを使って、
ふわふわでもちっとした食感も
味わえるレシピです。
豆乳を使うとよりふんわり、
そしておからとヨーグルトの効果で、
もっちり仕上がります。
きれいな焼き色は、裏返す前に
少量の生地を加えるのがポイント。

1人分(2枚分。バター含まず)の熱量306kcal、糖質34.9g

作り方
1　ボウルに卵を割り入れ、よくときほぐし、豆乳、サラダ油、粗製糖も加えて混ぜる。
2　薄力粉とベーキングパウダーを合わせてふるい入れ、ゴムべらでさっくり混ぜ、最後におから、ヨーグルトを加えて、全体が均一になるように混ぜる。
3　フライパンを中火でよく熱してから、少し火を弱め、サラダ油(分量外)を薄くぬり、そこに2の生地の⅙弱を流し入れ、ふたをする。表面にぶつぶつ気泡が出てきたら、大さじ1程度の生地を上にのせ、すぐに裏返し、両面をきつね色に焼き上げる。

＊好みのコンフィチュールや、バター、シロップなどを添える。

おから入りかぼちゃのニョッキ

イソフラボンたっぷりのおからにビタミンEを多く含むかぼちゃを加えることで、
血管や肌の老化予防も期待できる、女性にうれしいニョッキです。
気軽にできるので、ちょっとした軽食にも、おもてなしの一品にも。

1人分の熱量315kcal、糖質40.7g

材料(4人分)

ニョッキ
- かぼちゃ　200g
- おから　200g
- 片栗粉　70g
- 強力粉　60g
- 塩　小さじ1

チーズソース
- 玉ねぎ　小½個
- オリーブ油　大さじ1
- 薄力粉　大さじ2
- 豆乳　300mℓ
- 固形スープのもと　1個
- とけるチーズ　大さじ3
- 塩、こしょう　各適宜

作り方

1. ニョッキを作る。かぼちゃは皮と種を取り、蒸すか、電子レンジに少しかけてやわらかくする。大きなボウルに入れ、つぶして冷ます。おから、片栗粉、強力粉、塩を加え、手でよくこねて、ひとまとめにする。

2. 1の生地を1.5cm程度の太さの棒状にして、端から1cmずつに切る。ころんと小さな楕円にして、一辺にフォークで凹凸をつける（ソースをからみやすくするため）。

3. チーズソースを作る。玉ねぎは薄切りにし、オリーブ油を熱した小鍋に入れて、中火でしんなりするまで炒め、薄力粉を入れ、軽く混ぜる。すぐに豆乳、固形スープのもとも加え、混ぜながらよく溶かす。とろみがしっかりついてきたら、とけるチーズを加え、塩、こしょうで調味する。

4. 鍋にたっぷりの湯を沸かし、沸騰したところに2のニョッキを入れて、ゆでる。浮いてきたら網ですくい、水気をきって、3のチーズソースに入れ、さっとからませる。

ラザーニャもおからで

ラザーニャの生地も、おからパウダーと強力粉で手軽に作ることができます。作ってから少し時間をおいたほうが、生地に味がしみ込んでおいしくなります。

1人分の熱量628kcal、糖質36.5g

材料(4人分)
ラザーニャ生地
- 強力粉 140g
- おからパウダー 60g
- 塩 小さじ1
- 卵 2個
- オリーブ油 大さじ2
- 豆乳 大さじ2

ミートソース
- 玉ねぎ(みじん切り) 小1個分
- 合いびき肉 300g
- オリーブ油 大さじ1
- 赤ワイン 150ml
- トマト缶詰 1缶
- ローリエ 1枚
- 塩、こしょう 各適宜
- しょうゆ 小さじ½

ホワイトソース
- 玉ねぎ(薄切り) 小½個分
- 薄力粉 大さじ1
- 豆乳 200ml
- おから 50g
- バター 10g
- 塩、こしょう 各適宜

とけるチーズ 30g

作り方

1. ラザーニャの生地を作る。大きなボウルに強力粉とおからパウダー、塩を山形に入れて頂部をくぼませ、そこにといた卵、オリーブ油、豆乳を入れ、中央から菜箸で少しずつ混ぜていく。なじんできたら全体的に混ぜ、菜箸でひとまとまりになるまで混ぜる。手でよくこねて、厚さ2cm程度の長方形にまとめ、ラップできっちりと包んで室温で2時間以上ねかせる。

2. ミートソースを作る。鍋にオリーブ油を入れ、中火にかけて、みじん切りにした玉ねぎを炒め、色づいてきたら端のほうに寄せ、鍋の中央に合いびき肉をかたまりのまま入れ、なるべく初めはさわらずハンバーグを焼くように焦げ目をつける。両面焦げ目をつけてから、ほぐし、全体を炒めたら強火にして赤ワインを加え、しばらく煮込んで赤ワインの水分を飛ばす。トマト缶詰(汁ごと)とローリエを加え、しばらく煮込み、塩、こしょう、しょうゆで調味する。

3. ホワイトソースを作る。小鍋を中火にかけてバターを熱し、薄切りにした玉ねぎを炒める。しんなりしたら薄力粉を加え、さっと混ぜたらすぐに豆乳を入れてクツクツしてくるまで煮る。おからを加え、全体がどろりとしてきたら、塩、こしょうで調味する。

4. 1の生地を、めん棒で厚さ2mm程度にのばし、耐熱容器の大きさに3枚カットして、熱湯で2分程度ゆでる。

5. 耐熱容器に少量のオリーブ油(分量外)をひき、その上に、ゆでたラザーニャの生地をのせ、順にミートソース、ホワイトソースをのせ、再度生地、ミートソース、ホワイトソースと重ね、最後は生地で終え、上からチーズをかける。

6. 190℃に予熱したオーブンに入れ、180℃に設定し、こんがりと焼き目がつくまで、15〜25分程度焼く。

おから、豆乳、白みそのグラタン

少ない材料で作ることができて、あっさりいただける、
京都の白みそを使ったほんのりやさしい和風味のグラタンです。
お子さんにもお年寄りにも食べやすいので、普段の一品として活用してください。
おからの食感は、長芋と卵によく合います。

1人分（1台分）の熱量152kcal、糖質9.9g

材料（10×4×高さ4cmの耐熱容器4台分。
　　または22×14×高さ4cmの
　　耐熱容器1台でも）
卵　1個
おから　120g
豆乳　大さじ3
塩　小さじ¼
長芋　200g
うす口しょうゆ　小さじ½
　（なければ濃口しょうゆでもいい）
白みそ　大さじ2
ツナオイル漬け缶詰　1缶（75g）
黒こしょう　適宜

作り方
1　ボウルに卵をときほぐし、そこにおからと豆乳、塩を入れて混ぜる。
2　長芋は皮をむいてすりおろし、少量のうす口しょうゆと白みそを加え、みそが均一になるようによく混ぜる。
3　2を1のボウルに加え、混ぜる。
4　耐熱容器に薄くバター（分量外）をぬり、そこに3の生地を流し込む。
5　上に軽く油をきったツナをパラパラとのせ、黒こしょうをかけて、190℃に予熱したオーブンに入れ、180℃に設定し、こんがりと色づくまで10分程度焼く。好みで上にとけるチーズをかけて焼いてもおいしい。

皮も中もおから入りのキッシュ

キッシュの皮にも中にも、おからを使ったレシピです。油っぽくてカロリーが高いキッシュとは全く違うので、ヘルシーでたくさんいただけます。中に入れる野菜は、お好みのものでどうぞ。

1人分（6等分）の熱量289kcal、糖質9.7g

材料（直径20cmのタルト型1台分）

皮
- おから　50g
- 薄力粉　50g
- 塩　小さじ½
- オリーブ油　50mℓ

中身
- ほうれん草　80g
- きのこ　⅓パック
- 玉ねぎ　中½個
- ベーコン　3枚
- バター　10g
- こしょう　適宜

アパレイユ（混合生地）
- 卵　2個
- 生クリーム　100mℓ
- 牛乳　100mℓ
- おから　50g
- ナツメッグ　小さじ1

作り方

1. 皮を作る。ボウルにすべての材料を入れて、へらで混ぜ、ひとまとまりになったら、手で軽くまとめて厚さ2cm程度に丸くして、ラップで包んで1時間ほど冷蔵庫でねかせる。
2. タルト型の内側に薄くバター（分量外）をぬり、薄力粉（分量外、小さじ1程度）をふり、余分な粉を落として、冷蔵庫に入れて冷やす。
3. 1の生地を包んでいたラップを台に敷いて皮生地をのせる。生地の上に大きめに切ったラップをのせ、その上から、めん棒で2mm程度の厚さにのばす。タルト型の高さもカバーできるほど大きな円形にのばしたら、上のラップをはずし、タルト型を逆さにして生地の中央にのせ、下に敷いたラップごと返し、生地を型にしっかりと敷き込む。ラップをはがして、はみ出た生地はカットする。薄い部分などがあれば、カットした部分をつぎ足しに使ってもいい。
4. ほうれん草ときのこは2cm程度のざく切り、玉ねぎは長さ2cm程度の薄切りに、ベーコンは5mm幅に切る。フライパンにバターを熱してベーコンから炒め、野菜を加えてさらに炒め、こしょうをふり、冷ます。
5. アパレイユを作る。ボウルに卵をとき、生クリーム、牛乳、おから、ナツメッグを加えて均一に混ぜる。
6. 3の型に4を均一に入れ、上から5を流し込み、220℃に予熱したオーブンに入れ、210℃に設定して25分程度、うっすら色づくまで焼き上げる。

クスクスは北アフリカや
地中海沿岸の地域で
食べられている、
小麦粉やとうもろこしの粉を
粒状にしたもの。
おからで作れば糖質ダウンに。
食感を増すために
木綿豆腐を加え、
固形スープのもとで
軽く味をつけました。

1人分の熱量334kcal、糖質11g

おからのクスクス

材料(4人分)
シチュー
- にんにく　2かけ
- オリーブ油　大さじ2
- 玉ねぎ　小1個
- ベーコン　4枚
- なす　中2本
- オクラ　12本
- トマト缶詰　1缶
- ローリエ　1枚
- 塩、こしょう　各適宜
- しょうゆ　小さじ1

クスクス
- 水　250ml
- 固形スープのもと　1個
- 木綿豆腐　1丁
- おから　320g

作り方

1. シチューを作る。鍋にオリーブ油と、薄切りにしたにんにくを入れ、弱火で香りが出るまで炒める。中火にし、一口大に切った玉ねぎ、ベーコン、なす、へたを取ったオクラを加え、全体に油が回るように炒める。トマト缶、ローリエを加え、野菜がやわらかくなるまで煮て、塩、こしょうで調味する。トマト缶によって、酸味が強い場合は、小さじ1程度の砂糖を加える。最後に少量のしょうゆを加える。
2. おからのクスクスを作る。小鍋に分量の水と固形スープのもとを入れ、中火にかけてスープのもとが溶けたら、8等分の角切りにした豆腐を入れて、3分ほど煮る。
3. フライパンに2の鍋の中身をすべて移し、玉じゃくしの底で豆腐をつぶしたら、強火にかけて、おからを入れ、いるように炒める。水分がほぼなくなってきたら火を止める。
4. 皿に3のおからのクスクスを盛り、1のシチューをかける。

おから入りのおいなりさん (写真p.14)

材料(10個分)
油揚げ　5枚
煮汁
┌ 酒　大さじ4
│ しょうゆ　大さじ2
│ 砂糖　大さじ4
└ 水　大さじ4
大葉、みょうが、
　白ごま　各適宜

合せ酢
┌ 酢　大さじ1½
│ 塩　小さじ⅓
└ 砂糖、水　各大さじ1
おから　100g
ご飯　300g

添え物
┌ 甘酢みょうが、
└ 甘酢しょうがなど

作り方

1 油揚げを煮る。油揚げは熱湯で1分ほどゆでてから冷まし、水気をきる。すりこぎで軽くたたくか、菜箸を上から転がし、袋状に開きやすいようにする。

2 鍋に煮汁の材料をすべて入れて中火にかけ、よく混ぜて油揚げを入れ、落しぶたをして汁気がほぼなくなるまで、味を煮含める。

3 大葉とみょうがは細切りにして、さっと水にさらし、水気をきる。

4 ボウルに合せ酢の材料をすべて入れ、おから、白ごま、大葉、みょうがも加え、均一になるように混ぜる。そこに、ご飯も加えて、さっと混ぜ合わせ、10等分の俵形に軽くむすぶ。

5 2の油揚げの煮汁を軽く絞って、むすんだおからご飯を油揚げが破れないように詰める。甘酢みょうがなどを添えて、盛りつける。

ご飯を使わないてまりずし (写真p.14)

材料(10個分)
合せ酢
┌ 酢　大さじ2
│ 塩　小さじ½
│ 砂糖　大さじ3
└ だし汁　大さじ2
おから　150g

上にのせる具
┌ えび(刺身用)、
│ 鯛の切り身(刺身用)、
│ 木の芽、
│ こはだ、
│ 野沢菜、
└ かにかまぼこなど

作り方

1 酢おからを作る。ボウルに合せ酢の材料をすべて入れて、よく混ぜ、塩と砂糖を溶かす。そこにおからを入れ、均一によく混ぜる。おからによって水分が異なるので、パラパラになりそうであれば、だし汁を増やして調節する。

2 1のおからを10等分(一つ20g前後)にしておく。

3 上にのせる具を準備する。えびは殻をむき、塩と片栗粉(各分量外)でもんでから水で洗い、熱湯でさっとゆでて、ゆで汁のまま冷ましてから、縦に半分に割る。その他の具材は、2のおからの大きさに合わせて切る。こはだは身が厚い部分に飾り包丁を入れる。

4 ラップにまず具を置き、その上に2のおからを一つのせ、ラップでぎゅっと握る。ラップをはずし、具のほうを上にして皿に盛る。

ちらしずしにもおからを入れて (写真p.15)

材料
具
┌ かんぴょう　30g
│ 合せ調味料
│ 　(砂糖　大さじ2、
│ 　塩　ひとつまみ、
│ 　しょうゆ　大さじ2)
│ 煮あなご　100g
│ 伊達巻き(または卵焼き)
│ 　80g(3切れ程度)
│ 三つ葉　1束
│ みょうが(せん切り)
│ 　3個分
│ しょうが(せん切り)
│ 　25g
└ のり　1帖(10枚)

米　3合
おから　200g
合せ酢
┌ 酢　130mℓ
│ 砂糖　大さじ4
└ 塩　小さじ2½

作り方

1 具の準備をする。かんぴょうはさっと洗ってから、塩(分量外)をまぶしてもみ洗いしたのち水で洗い流す。ひたひたの水につけて、2時間程度でもどす。鍋にかんぴょうとかぶる程度の水を入れ、やわらかくなるまでゆでる。ゆで汁を半量捨て、合せ調味料を加えて、汁気がなくなるまで15分ほど煮る。冷ましてから1cm程度に切り分ける。

2 煮あなご、伊達巻き、三つ葉は1cm程度に切る。みょうがとしょうがは、さっと水にさらして水気をきる。

3 米は酢飯用に炊く。熱いうちに盤台に移し、合せ酢をかけて、しゃもじで切るようにしながら混ぜる。うちわであおいで水分を飛ばすと、つやつやになる。

4 おからを3に加え、ざっくりと混ぜる。のりを盤台の上で手でもんで細かくして、混ぜ込む。

5 具をすべて加え、さっくり混ぜる。

＊好みで甘酢みょうがを飾る。

おから入りのおいなりさん(上)

どんな世代の人からも、男女を問わず
愛されているのがおいなりさん。
大葉やみょうが、ごまなどをたっぷり加えたおからと
ご飯のさっぱりとした食感のこれなら、
おいしくて少し食べ過ぎても、許される……でしょう！

1人分(3個分。甘酢みょうが含まず)の熱量366kcal、糖質49.2g

ご飯を使わないてまりずし(下)

まあ、かわいい！ときっと皆さんに喜んでいただける、
このてまりずしは、かわいいだけではないのです。
ご飯部分は、おから100％ですから、
普通に酢飯で作るてまりずしに比べたら、格段にヘルシー。
しかも栄養的にも高たんぱく質で、
食物繊維やイソフラボンたっぷりのすぐれものです。

1人分(4個分)の熱量178kcal、糖質15g

作り方p.13

ちらしずしにもおからを入れて

華やかなちらしずしは、人が集まってワイワイと会食を楽しむとき、
事前に用意できて、誰もが喜んでくれる代表選手。
これはのりをたっぷり混ぜ込み、さらにおからを加えてさっぱりと。
栄養面でも、血糖値上昇を抑える効果が加わり、糖質が多くなりがちなおすしに
おからを加えることは、理にかなったものだと思います。

1人分(6等分。甘酢みょうが含まず)の熱量424kcal、糖質75.2g

作り方p.13

具がおから入りの水ギョウザ

時間があまりないときでも、おからとひき肉、
少しの野菜があれば、手軽に作れる水ギョウザです。
おからは水分を吸うので、中華スープで水分を補うことを忘れずに。
さっぱりとたくさんいただけますが、おからが入っているので、
その分ローカロリーで、ちょっと安心。

1人分(6個分)の熱量218kcal、糖質23.9g

材料(24個分)
具
- 長ねぎ 1本
- キャベツ 50g
- にら 4本
- しょうが 10g
- 鶏ひき肉 150g
- 塩、こしょう 各適宜
- オイスターソース 小さじ1
- しょうゆ 小さじ1
- 中華スープ 100mℓ
- おから 75g

ギョウザの皮 24枚
飾り用長ねぎ 1/3本

たれ
- 酢 大さじ2
- しょうゆ 大さじ2
- ラー油 小さじ1

作り方

1. ギョウザの具を準備する。長ねぎ、キャベツはみじん切り、にらは5mm程度の粗みじん切り、しょうがはよく洗い、皮ごとすりおろす。
2. 1の材料をすべてボウルに入れ、鶏ひき肉、塩、こしょう、オイスターソース、しょうゆも加え、よく手でこねる。中華スープ、おからも加えて均一に混ぜる。
3. 2を、ほぼ4等分にして、その1/6をスプーンですくい、ギョウザの皮の中央にのせ、端にひだを寄せながら包み込む。
4. たっぷりの湯を沸かし、ギョウザを入れ、ゆでる。浮いてきたところがゆで上りの目安となる。網じゃくしですくい上げ、器に盛る。上に、水にさらした長ねぎの細切りをのせる。
5. たれの材料を合わせて添える。

食べても太らない?!おからのお好み焼き

ダイエット、特に糖質制限をしている人にとっては、「粉もの」は食べたくても、
泣く泣く我慢せざるをえない……のではないでしょうか?
でも、このレシピなら大丈夫! 小麦粉を全く使わず、
おからと山芋で、普通のお好み焼きに負けないほどのおいしさが味わえます。
カロリーも少なめなので、お夜食などにもどうぞ。

1人分(1枚分)の熱量304kcal、糖質14.4g

材料(直径15cm程度のもの2枚分)
卵　2個
水　大さじ2
おから　100g
山芋(すりおろし)　大さじ4
　(なければ、片栗粉大さじ2で代用可)
キャベツ　80g
塩　ひとつまみ
こしょう　適宜
サラダ油　小さじ1
豚薄切り肉　2枚
中濃ソース　大さじ2
花かつお　ひとつかみ
好みでマヨネーズ、青のりなど

作り方

1. ボウルに卵をときほぐし、分量の水、おから、山芋を加え、よく混ぜる。せん切りにしたキャベツ、塩、こしょうも加え、均一に混ぜる。
2. フライパンを中火にかけ、サラダ油を入れてから豚肉1枚を広げ、片面をパリッとなるまで焼く。裏面に返したら、1の生地の半量を肉の上に丸くのせ、直径15cm程度の円形にのばす。少し火を弱めてそのままいじらずに焼き、表面が乾燥してきたら裏返して同様に焼き上げる。
3. 皿にとり、表面全体にソースをぬり、好みでマヨネーズや青のりをかける。最後に花かつおを天盛りにする。

これがおから？なメーンディッシュ

おからを感じさせないおいしさとボリューム。男性や子どもにも満足のメーンディッシュです。

肉巻きおからの すきやき風味

すきやきにつきものの
しらたきや長ねぎを入れて、
やさしい味に炊いた
おからを肉巻きにして、
甘辛いたれでからめてみました。
ヘルシーですが、一口食べると、
まるですきやき?!
お弁当のおかずにも
ぜひどうぞ。

1人分（2本分）の熱量506kcal、
糖質13.7g

材料（4人分）
具
- 長ねぎ　½本
- しらたき　50g
- おから　100g

合せ調味料A
- みりん　大さじ2
- めんつゆ　大さじ2
- しょうゆ　小さじ1
- 塩　小さじ½

水　120mℓ
片栗粉　小さじ2
牛薄切り肉
　（すきやきもしくは
　しゃぶしゃぶ用）
　8枚

合せ調味料B
- みりん　大さじ2
- しょうゆ　大さじ2
- 砂糖　小さじ2

作り方

1 具の準備をする。長ねぎは斜め薄切り、しらたきはさっとゆでて2cm長さに切る。

2 鍋にしらたき、長ねぎ、合せ調味料Aを入れてさっと煮たら、分量の水を加えて、さらにおからも加え、さっと混ぜて少し煮る。

3 ふつふつとしてきたら、片栗粉を加えてよく混ぜ、火を止めて冷ます。

4 3を8等分にして、それぞれ俵形にまとめ、薄切り肉をまわりにくるりと巻く。

5 フライパンを中火にかけて4を入れ、全体にこんがり焼き目がつくように、ころころと転がして焼く。最後に合せ調味料Bを加え、全体にからめる。

おから入りハンバーグ、きのこソース

合いびき肉は、おいしい分、脂も多く含まれ、どうしてもカロリー過多になりがちです。そこで、おからをたっぷりと加え、ぱさつきを防ぐために豆乳を加え、大豆の力でおいしく仕上げました。きのこソースをかければ、ちょっとしたごちそうに。

1人分(パセリ含まず)の熱量279kcal、糖質15.2g

材料(4人分)
- 玉ねぎ　中½個
- おから　100g
- 合いびき肉　200g
- 卵　1個
- 豆乳　120mℓ
- 片栗粉　大さじ2
- 塩　小さじ1
- こしょう　適宜
- ナツメッグ　小さじ½
- にんにく(すりおろし)　小さじ½
- バター　20g
- きのこソース
  - しめじ　1パック
  - ケチャップ　大さじ4
  - ウスターソース　大さじ3
  - 赤ワイン　大さじ1
  - 水　大さじ2

作り方

1. 玉ねぎはみじん切りにして、平らな耐熱容器に入れ、ラップをかけて2分電子レンジで加熱して、冷ます。
2. ボウルにおから、合いびき肉、卵、1の玉ねぎ、豆乳、片栗粉、塩、こしょう、ナツメッグ、にんにくを入れ、粘り気が出てくるまで、手でよくこねる。
3. 生地を4等分にして、平らな俵形に成形する。
4. フライパンにバターを入れて中火にかけ、バターがとけて音がしてきたら、3のハンバーグのたねを入れ、ふたをして4分程度焼く。ふたを取って裏返し、2分程度焼き、透明な汁が出てくるようになったら皿にとる。
5. きのこソースを作る。4の焼き汁が残っているフライパンに、小房に分けたしめじを入れてさっと炒め、さらにケチャップ、ウスターソース、赤ワイン、分量の水を加え、火を強めて、とろみが出るまで煮つめる。
6. ハンバーグを器に盛り、5のソースをかける。好みでパセリのみじん切りを散らす。

おからのコロッケ2種

コロッケはまさにおから料理の王道。
味わいの違う2種類のコロッケをご紹介します。
それぞれまわりにつける粉も違うので、
食感の違いも楽しめます。

1個分の熱量と糖質
えび入りカレー味は194kcal、4.5g
じゃがいもと牛肉は239kcal、18.2g

えび入りカレー味の豆腐とおからのコロッケ(左)

材料(8個分)
- 玉ねぎ 小½個
- むきえび 小8尾
- オリーブ油 大さじ1
- 水 50ml
- 固形スープのもと 1個
- おから 200g
- 卵 1個
- 木綿豆腐 200g
- 片栗粉 大さじ2
- カレー粉 大さじ3
- 塩 小さじ1
- こしょう 少々
- おからパウダー
  (超微粉でないもの) 適宜
- 揚げ油 適宜

作り方

1 玉ねぎはみじん切り、えびは少量の水と塩と片栗粉(各分量外)でもんでから水で洗って水気をきり、1cm角に切る。フライパンに入れ、オリーブ油でさっと炒める。分量の水と細かく刻んだ固形スープのもとを加え、スープのもとが溶けるまで混ぜ、火を止めて冷ます。

2 ボウルにおから、といた卵、くずした豆腐、片栗粉、カレー粉を入れ、手でよく混ぜる。塩、こしょうを加え、1の具もスープごと加えてさらに混ぜ、8等分する。えびが真ん中になるように丸める。

3 まわりにおからパウダーをまぶし、低温に熱した油で揚げる。最後は温度を上げてからりとさせる。

これがおから?なメーンディッシュ

じゃがいもと牛肉とおからのコロッケ（右）

材料（8個分）
じゃがいも　400g
牛ひき肉　120g
おから　200g
豆乳　160mℓ
片栗粉　大さじ4
塩　小さじ1/3
こしょう　少々
衣
　（薄力粉、とき卵、パン粉）
　　適宜
揚げ油　適宜
中濃ソース　適宜
パセリ（飾り用）　適宜

作り方
1. じゃがいもは丸ごと蒸して皮をむき、冷ましてからつぶす。ひき肉はフライパンで炒めて冷ます。
2. じゃがいもにおから、ひき肉、豆乳を加えてよく混ぜ、最後に片栗粉、塩、こしょうを加えてさらに混ぜ、8等分して俵形にする。
3. まわりに薄力粉、とき卵、パン粉の順でつけ、170℃程度に熱した油に入れ、からりと揚げる。
4. 器に盛り、ソースを添えて、パセリをあしらう。

おからのカレー3種

おからを使うことで小麦粉を使わず糖質カットができ、また食感的にもよりよくなる、全くタイプの異なるカレーレシピ3点です。

1人分の熱量と糖質（ご飯やナン、トッピングを含まず）
チキンカレーは692kcal、16.9g
キーマカレーは330kcal、17.3g
野菜カレーは183kcal、12.2g

白いチキンカレー（左）

親しい友人が昔から作り続けてきたレシピに、
おからを加えてアレンジしました。
おいしさと意外性から、
おもてなしにも喜ばれます。

材料（4人分）
鶏もも肉、胸肉　合わせて600g
玉ねぎ　大1個
ピーマン　4個
赤パプリカ　½個
パセリ　2本
バター　40g
塩　小さじ2
砂糖　小さじ2
カレー粉　大さじ3
パプリカパウダー　小さじ1弱
こしょう　少々
スープストック　700mℓ
おから　150g
サワークリーム　150mℓ
エバミルク　180mℓ

作り方

1. 鶏肉は1口大に切る。玉ねぎ、ピーマン、パプリカはそれぞれ粗みじん切りにする。パセリは葉の部分をみじん切りにする。
2. 大きな鍋を中火にかけてバターをとかし、鶏肉を炒める。玉ねぎも加え、焦がさないように炒め、しんなりしてきたら塩、砂糖、カレー粉、パプリカパウダー、こしょうを加えてさらに炒める。
3. スープストックとピーマン、パプリカを加え、中火で30分程度煮る。
4. おからを加え、さらに5分程度煮たら、サワークリーム、エバミルク、パセリを加える。

＊好みでフライドオニオンをトッピングして。

野菜たっぷりキーマカレー (中)

冷蔵庫に少しずつ残っている野菜を
一挙に整理できる、便利なレシピです。
フードプロセッサーを使えば
みじん切りの手間もかかりません。
鶏ひき肉はお好みで、豚肉に変えても。

材料(4人分)
玉ねぎ　中2個
にんじん　中1本
なす　2本
しょうが　20g
にんにく　2かけ
サラダ油　大さじ3〜4
鶏ひき肉　250g
カレー粉　大さじ3
おから　100g
トマト缶詰　1缶
チリパウダー　小さじ½
クミンパウダー　小さじ2
塩　小さじ1〜2
こしょう　小さじ⅓
むきグリーンピース　大さじ2

作り方
1. 玉ねぎ、にんじん、なすはみじん切りにする(フードプロセッサーを使うといい)。しょうがはよく洗い、皮つきのまますりおろす。にんにくもすりおろす。
2. 大きな鍋を中火にかけ、サラダ油を入れて熱し、ひき肉を入れ、少し放置して焼き色がついたらほぐして炒める。しょうが、にんにくも加えて炒め、香りを出す。
3. カレー粉を加え、さっと混ぜたら、おから、みじん切りにした野菜もすべて加えて炒める。全体が均一になったら、トマト缶(汁ごと)を加え、クツクツ煮込む。チリパウダー、クミンパウダーを加え、塩、こしょうで調味する。
4. グリーンピースを入れてさっと煮たら、火を止める。

カラフル野菜のカレー (右)

簡単だけれど本格的な、香りのいい野菜カレーです。
野菜のうまみとスパイスの香りを
吸い取ったおからが、とてもおいしいです。

材料(4人分)
玉ねぎ　中1個
赤パプリカ　½個
黄パプリカ　½個
トマト　2個
なす　2本
サラダ油　大さじ3
カレー粉　大さじ2
ガラムマサラ　大さじ2
パプリカパウダー　大さじ1
塩　小さじ1
おから　50g
オクラ　10本

作り方
1. 玉ねぎ、赤パプリカ、黄パプリカ、トマト、なすは、それぞれ2cm程度の大きさに切る。
2. 深さのあるフライパンか鍋を中火にかけてサラダ油を入れ、カレー粉、ガラムマサラ、パプリカパウダーを入れて炒める。香りが出たら、1の野菜と塩を加えてさらに炒める。
3. おからと、へたを取ったオクラを加えて全体をよく混ぜながら炒める。味見をして、足りないようであれば塩を追加する。

おから肉だんごの獅子頭鍋

わが家は夏に長野県蓼科の古い山荘に行くのですが、
夜は夏でもかなり涼しく、温かいものが欲しくなります。
そこの囲炉裏で義父が大きな鍋一杯に、見たこともないような
大きな肉だんご（獅子頭）の入った鍋を作ってくれたことは、
忘れられません。もともとは中国の料理ですが、
ヘルシーに、そして作りやすく、私なりにアレンジしました。

1人分の熱量523kcal、糖質31.8g

材料（4人分）
肉だんご
- おから　100g
- 豚ひき肉　200g
- 紹興酒　大さじ2
- 蓮根（粗みじん切り）　50g
- 干しきくらげ　3g（湯でもどして粗みじん切り）
- 長ねぎ（みじん切り）　½本分
- 卵　1個
- ごま油　大さじ1

揚げ油　適宜

具
- にんじん　1本
- 大根　10cm
- 長ねぎ　1本
- 里芋　4個
- 卵　4個
- 春雨　50g

しょうが　20g
焼酎　200mℓ
黒砂糖　大さじ3
みそ　大さじ4〜5
七味とうがらし　適宜

作り方

1. 肉だんごの材料はすべてボウルに入れ、よく手でこねる。8等分して空気を抜きながら、丸くだんご状にして、揚げ油で素揚げにする。まわりがカリッと固まってくれば、中まで火が通らなくてもいいので、油から上げる。

2. 他の具材を準備する。にんじんはよく洗い、皮ごと大きめの乱切りに、大根は皮をむき、大きめの乱切りに、長ねぎは5cm長さのぶつ切りにする。里芋は皮をむく。卵は7分ほどゆでて殻をむく。春雨は湯でもどしてざく切りにする。

3. 鍋に⅓程度の水を入れ、強火にかける。皮ごとつぶしたしょうが、焼酎、砂糖、みその半量、1の肉だんご、にんじん、大根、里芋を入れ、野菜がやわらかくなるまでしばらく中火で煮込む。みそ、ゆで卵、春雨、長ねぎも加え、水分が少なくなったら、ひたひたになるまで足しながら火を入れて、味を具材に含ませる。

4. 汁とともに取り分けて、七味とうがらしをかける。

もう一皿のおから料理

あと1品欲しいとき、常備菜としてもうれしい小鉢や小皿の料理です。

おからたっぷりのサラダ3種

タラモサラダは魚卵とじゃがいもを使った料理ですが、ここではじゃがいもをおからに変えて、糖質を大幅に減らしました。
キヌアはカリウムやマグネシウムを多く含み、「スーパー穀物」と呼ばれる南米原産の食材。
ポテトサラダ風はじゃがいもの代りに、やはりおからを使っています。

1人分の熱量と糖質。タラモサラダ（クラッカー含まず）は142kcal、1.1g。
キヌアと野菜は272kcal、14.4g。ポテトサラダは197kcal、4.2g

おからのタラモサラダ風(左)

材料(4人分)
おから　100g
たらこ　40g
豆乳　大さじ2
マヨネーズ　大さじ2
レモン汁　小さじ1
しょうゆ　小さじ¼
こしょう　少々
オリーブ油　大さじ2
クラッカー、バゲットなど　適宜

作り方
1　たらこは皮から中身をしごき出し、皮を取り除く。
2　ボウルにクラッカー、バゲット以外の材料を入れ、へらで均一になるように混ぜる。
3　クラッカーやバゲットに添える。

おからとキヌアの野菜たっぷりサラダ(中)

材料(4人分)
キヌア　50g
玉ねぎ　小¼個
トマト　中1個
黄パプリカ　½個
赤パプリカ　½個
アボカド　1個
ロースハム　4枚
レタス　4枚
おから　100g
マヨネーズ　大さじ3
白ワインビネガー(米酢でも)　大さじ2
めんつゆ　大さじ2
ごま油　小さじ½
塩、こしょう　各適宜

作り方
1. キヌアはたっぷりの熱湯で14分程度ゆで(表記時間どおりに)、冷水をかけてざるにあけ、水気をきる。玉ねぎは薄切りにし、水にさらしてから水分をきる。トマト、パプリカ、アボカド、ハム、レタスは1cmほどの角切りにする。
2. 大きなボウルに1をすべてとおからを入れ、マヨネーズ、ビネガー、めんつゆ、ごま油をすべて加えて、全体をよくあえる。味をみて、足りないようであれば塩を足し、こしょうをふる。

おからのポテトサラダ風(右)

材料(4人分)
きゅうり　½本
にんじん　小⅓本
ウィンナーソーセージ　4本
玉ねぎ　中¼個
おから　100g
マヨネーズ　大さじ3
オリーブ油　大さじ1
白ワインビネガー
　(米酢でも)　大さじ1
ヨーグルト　大さじ1
砂糖　小さじ1
塩、こしょう　各適宜

作り方
1. きゅうりは薄切りにする。にんじんは皮をむき、にんじんもウィンナーソーセージもさっとゆでて、共に1cm角の棒状に切り、さらに薄切りにする。玉ねぎは薄切りにして水にさらし、水気をきる。
2. ボウルにおから、1のすべての材料を入れ、マヨネーズ、オリーブ油、ワインビネガー、ヨーグルト、砂糖を加えて、へらで全体が均一になるように混ぜる。塩、こしょうで調味する。

おからのサモサ

サモサは、じゃがいもがたっぷり入った、三角錐の形をしたインドのスナックです。インド料理店でもおなじみですね。糖質を減らすためにおからで作る、おいしいサモサです。
皮は手軽にできるよう、市販の春巻きの皮を使いました。好みでケチャップやチリソースをつけてもおいしいです。

1人分(2個分)の熱量206kcal、糖質8.4g

材料(8個分)
- 豚ひき肉 50g
- 玉ねぎ ¼個
- カレー粉 大さじ1
- おから 100g
- むきグリーンピース 大さじ4
- サラダ油 大さじ2
- クミンパウダー 小さじ1
- ターメリック 小さじ1
- 水 80ml
- 塩 小さじ1弱
- こしょう 適宜
- 春巻きの皮(18cm四方のもの) 2枚
- 揚げ油 適宜

作り方

1. 中身を準備する。フライパンにサラダ油を入れ、中火で豚ひき肉、薄切りにした玉ねぎ、カレー粉を炒め、ほぼ火が通ったら、おから、グリーンピース、クミンパウダー、ターメリックを加えてさらに炒め、焦げないように分量の水を加え、全体が均一になったら、塩、こしょうで調味して、冷ます。
2. 春巻きの皮は12×6cmの長方形に切る(1枚の大きな春巻きの皮から4枚とれる)。
3. 三角錐の形に包む。皮を利き手でないほうで持ち、長辺の端と端をくっつけて、少量の小麦粉(分量外)を水で溶いたのりでとめ、三角錐の頂点を作る。その中に1の中身の⅛をスプーンで入れて、両側から皮でおおい、ふたをするように小麦粉ののりでとめる。
4. 揚げ油を中温に熱し、こんがりと色がつくまで、じっくり揚げる。

＊グリーンピースは冷凍または缶詰でも。

おからと豆腐のナゲット

ヘルシーでおいしいスナックといえばこれです。
おからと豆腐、チーズだけで手軽に作ることができ、
揚げたては、子どものおやつにも、
大人のビールやワインのおつまみにも喜ばれます。
冷めてもおいしいので、お弁当のおかずにもどうぞ。

1人分(4個分。ケチャップ含まず)の熱量246kcal、糖質9.5g

材料(4人分)
プロセスチーズ　70g
おから　200g
木綿豆腐　180g
片栗粉　大さじ4
塩　小さじ½
こしょう　適宜
コンソメスープのもと　小さじ½
揚げ油　適宜

作り方
1　チーズは5mm角に切る。
2　ボウルに揚げ油以外のすべての材料を入れ、手でよく混ぜる。
3　4等分して、それぞれをさらに4等分し、空気を抜きながら、そら豆のような厚さ1cm弱の楕円形に形作り、中温の油でからりと揚げる。
4　好みでケチャップやチリソースを添える。

おから、にんじん、明太子の炒め物

明太子のぶりぶりした食感と、おからの食感が合わさって、
おからを食べていることを忘れてしまいそうです。
にんじんから出る水分とオリーブ油のうまみを
すべておからが吸い取ってくれるので、
これもお弁当にぴったりの、彩りよし、味よし、栄養よしの
3拍子そろったおかずです。

1人分の熱量127kcal、糖質4.3g

材料(4人分)
にんじん　中1本
明太子　1腹
オリーブ油　大さじ2
おから　70g
酒　大さじ1
しょうゆ　小さじ½

作り方
1　にんじんは皮をむき、マッチ棒状に千六本に切る。明太子は薄皮からしごき出す。
2　フライパンを中火にかけ、オリーブ油でにんじんをしんなりするまで炒める。
3　明太子とおからを混ぜたものを加え、酒を加えて全体を混ぜる。最後に香りづけにしょうゆを回しかける。

おからのトリュフポテト

おからにトリュフ?!
全く正反対の印象を持つ食材ですが、これが意外と合うのです。
おからは高級食材とも相性のいい、すばらしい食材です。
トリュフといっても、生は入手しにくく高価なので、
保存のきく、トリュフ風味の塩で風味づけをします。
じゃがいもは複数種類を混ぜて使うとおいしいです。
ここでは男爵ときたあかりを使っています。

1人分の熱量134kcal、糖質16.1g

材料(4人分)
じゃがいも　大2個
玉ねぎ　中½個
バター　20g
おから　80g
トリュフ塩　小さじ½
みりん　小さじ1
黒こしょう　適宜

作り方
1. じゃがいもは皮をむいて1cm程度の厚さのくし形切り、玉ねぎは薄切りにする。
2. 鍋にバターを入れて中火で玉ねぎを炒め、しんなりしてきたらじゃがいもを加え、全体にバターが回ったら、ひたひたの水を加えてコトコト煮る。
3. じゃがいもがやわらかくなったら、おからを入れて1～2分火を通し、トリュフ塩とみりんで調味し、こしょうをふる。

おから入り魚のすり身揚げ

魚のすり身におからを混ぜると、
ふわりと口当りがよくなります。
それを旬の野菜にのせて揚げると、
こんなかわいらしい揚げ物に。
野菜は、厚く切ると火の通りが悪くなるので、
少し薄めに切ってください。
1人分の熱量152kcal、糖質10.8g

材料(4人分)
玉ねぎ　小½個
おから　50g
白身魚すり身　100g
片栗粉　大さじ1
酒　小さじ1
こしょう　少々
蓮根(7mm厚さ)　4枚
にんじん(7mm厚さ)　4枚
ズッキーニ(7mm厚さ)　4枚
さつまいも(7mm厚さ)　4枚
生しいたけ(小さめ)　4個
揚げ油　適宜

作り方
1　玉ねぎはみじん切りにして、大きなボウルに入れる。そこにおから、魚のすり身、片栗粉、酒、こしょうを入れ、粘り気が出るまで手でよく混ぜる。
2　蓮根は皮をむき、野菜はそれぞれ7mm厚さに切る。しいたけは石づきを取る。
3　1のすり身を、へらで野菜の片面にすりつけるように厚めにのせ、まわりからはがれないようにしっかりくっつける。
4　中温の油で、こんがり色づくまで揚げる。

おからたっぷりの麻婆豆腐

中華の定番、麻婆豆腐。
豆腐とおからは、
もちろん相性ばっちりです。
ここでは香り高い
四川山椒を使いましたが、
なければ普通の山椒でも。
1人分の熱量253kcal、
糖質10.2g

材料(4人分)
木綿豆腐　1丁
豚ひき肉　100g程度
豆豉　大さじ1
にんにく　1かけ
しょうが　10g
長ねぎ　½本分
サラダ油　大さじ2
甜麺醤　大さじ1½
豆板醤　小さじ2
砂糖　小さじ½
四川山椒(粉)　適宜
中華スープ　300mℓ
おから　100g
紹興酒　大さじ1
オイスターソース　大さじ1
しょうゆ　大さじ1
水溶き片栗粉
　(片栗粉　大さじ1、
　　水　大さじ2)

作り方

1　豆腐は1cmより少し大きめの角切りにして、熱湯で2分程度ゆでる(水分を抜く)。豆豉、にんにく、しょうが、長ねぎはそれぞれみじん切りにする。

2　フライパンにサラダ油大さじ1を入れて、ひき肉を炒める。全体に火が回ったら、1の豆豉、にんにく、しょうがを加えてよく炒め、香りが出たら、甜麺醤、豆板醤、砂糖、四川山椒を入れて、さらに炒める。全体になじんできたら中華スープ、おから、豆腐、紹興酒、オイスターソース、しょうゆも加え、中火で4〜5分煮込んで、豆腐に味をしみ込ませる。

3　一度火を止め、水と片栗粉を合わせてよく混ぜたものを、とろみつけに全体に糸のように回し入れる。再度火をつけ、サラダ油大さじ1を入れてつやを出す。器に盛り、ねぎのみじん切りを散らす。

おから、ピーマン、なすのみそ炒め

ピーマンとなすのみそ炒めは、昔からわが家定番のおかず。
そこにおからを加えることで、しっかりとおからがうまみを吸って
野菜にからんでくれるので、
より少ない調味料で味つけをすることができるようになりました。

1人分の熱量130kcal、糖質6.5g

材料(4人分)
ピーマン　6個
なす　3本
サラダ油　大さじ2
酒　大さじ1
みりん　大さじ1
みそ　大さじ1
だし汁　120ml
おから　100g

作り方
1　ピーマンはへたと種を取り、1個を6〜8切れの乱切りにする。なすはへたを取り、皮をつけたまま縦半分に切ってから4〜5切れに切り、水にさらして水気をきる。
2　フライパンを強火にかけ、サラダ油を入れて油がなじんだら、ピーマン、なすを入れて炒める。全体に油が回り、少ししんなりしたら、火を中火に弱める。
3　酒、みりん、みそを混ぜ、2に加えて全体を混ぜ、だし汁、おからを加え、均一になるように炒める。水分がほぼなくなったら火を止める。

具だくさんのおから入り卵焼き

おからと卵も、とても相性がいい組合せです。
たっぷりのおからと野菜をとじて、
オーブンで焼き上げたこの卵焼きは、
美しい黄金色と、中に入れる具によって
華やかに仕上がるので、
おせち料理の一品としても重宝します。
きれいな黄色で、均一の焼上りにするために、
いくつかの工夫をしました。

1人分(4等分)の熱量302kcal、糖質13.5g

材料(8cm四方の角型1台分)
にんじん　大½本
玉ねぎ　中½個
しめじ　½パック
三つ葉　½束
かにかまぼこ　80g
卵　8個
おから　120g

具の煮汁
┌　だし汁　130mℓ
│　酒、みりん　各大さじ1
└　うす口しょうゆ　小さじ1
塩　ひとつまみ
砂糖　大さじ2
うす口しょうゆ　少々
サラダ油　大さじ1

作り方

1. 焼き型の底面と側面にオーブンシートを敷く。
2. にんじんはマッチ棒状の千六本に切り、玉ねぎは四つ割りにしてから縦に薄切りに、しめじは石づきを取り、ざく切りに、三つ葉は2cm長さに切る。かにかまぼこは細くさく。
3. 具の煮汁の材料を合わせて小鍋に沸かし、にんじん、玉ねぎ、しめじを入れてほぼ水分がなくなるまで煮て、冷ます。
4. 大きなボウルに卵を7個分割り入れる。残り1個の卵は卵黄と卵白に分け、卵白だけをボウルに加え、卵黄は別に取り分ける。ボウルの卵はざっくりとときほぐして(ときすぎないように)かにかまぼこ、三つ葉、塩、砂糖、しょうゆ、3の冷めた具、おからを加えて混ぜる。
5. フライパンを強火で熱し、サラダ油を入れてなじませたら、4を一気に入れて菜箸で手早くかき混ぜ、卵が半熟状態になるまで火を入れる。
6. 用意した1の型に5を流し込んで上を平らにならし、210℃で予熱したオーブンに入れ、200℃に設定して10分焼く。
7. 手早くオーブンから型を取り出し(オーブンのふたはすぐに閉める)、取り分けておいた卵黄をといて、表面にはけで丁寧にぬる。再度200℃のオーブンで4〜5分程度、上が乾いてくるまで焼く。焦げ目はつけず黄金色に仕上げる。

かぶのサラダ、おからドレッシングあえ

おからをサラダのドレッシングに?!
なんて不思議に思う方もいるかもしれません。
おからを乾燥させ粉状にした「おからパウダー」を使うことで、
とろみが出て具材にからまりやすくなるという利点があります。
ご家庭のドレッシングに、
ぜひおからパウダーを加えてみてください。

1人分の熱量110kcal、糖質4.9g

材料(4人分)
葉つきかぶ　4個
レモン汁　小さじ2
砂糖　小さじ2
塩　ふたつまみ
こしょう　適宜
おからパウダー(超微粉)　2g
粒入りマスタード　小さじ2
オリーブ油　40ml

作り方

1 かぶはよく洗い、黒くなっているところはむき、皮がついたまま5mm厚さの一口大に切る。葉とやわらかい軸の部分は2cm長さに切り、さっとゆでる。

2 大きなボウルにレモン汁、砂糖、塩、こしょう、おからパウダー、粒入りマスタードを入れ、よく混ぜてから、オリーブ油を少しずつ混ぜながら加えて、とろりと乳化させる。

3 いただく直前に1を加え、さっとあえる。

キャベツと塩切り昆布のおからあえ

湯通ししたキャベツに、塩と塩昆布を混ぜて調味。
ごくシンプルな味つけですが、とてもおいしいおかずです。
ぜいたくですが、いい塩昆布を使うのが、
おいしく作る秘訣といえましょうか。
昆布のうまみを含んだ水分をおからが吸ってくれ、
無駄なく、おいしくいただけます。
1人分の熱量31kcal、糖質2.4g

材料(4人分)
キャベツ(大きい葉)　3枚
塩　小さじ1/3
塩切り昆布　大さじ2
おから　30g
ごま油　小さじ1〜2

作り方
1 キャベツは芯の部分は切り取って薄切りに、葉の部分は食べやすい大きさのざく切りにして、さっと熱湯に通し、水気をきる。
2 ボウルに1のキャベツを入れ、塩、塩切り昆布を加えて、ざっくり混ぜる。10分ほどおき、水分が出てきたら、おからを加えてざっくりと混ぜる。最後にごま油をたらし、軽くあえる。

おからとトマトと卵の中華炒め

トマトと卵の炒め物は、
さっとできて
おいしい中華のおかずです。
おからを加えて
食物繊維の増量を。
強火で短時間で炒めて、
ふんわりと仕上げましょう。

1人分の熱量228kcal、糖質3.1g

材料(4人分)
トマト　2個
卵　5個
おから　50g
塩　小さじ½
こしょう　適宜
紹興酒　大さじ1
中華スープ　大さじ2
サラダ油　大さじ3
ごま油　小さじ1

作り方
1　トマトはへたを取り、横半分に切って、指で種を取り除き、ざく切りにする。
2　ボウルに卵を割り入れ、おから、塩、こしょう、紹興酒、中華スープを加えてから、卵をとく。かき混ぜすぎないように注意して(卵の白身のかたまりが残っている程度でいい)、トマトを加えてさっと混ぜる。
3　フライパンを強火にかけ、サラダ油を入れてよくなじませてから、一気に2を流し込み、へらで全体を大きく混ぜながら炒める。時間をかけるとトマトから水分がどんどん出てくるので短時間で仕上げる。卵がほぼ固まったところで火を止め香りづけのごま油をかける。

おからの揚げワンタン

揚げワンタンは、料理上手の叔母から受け継いだ、
昔からよく作っているレシピです。
お客さまがたくさん見えたときなどのおつまみに、とても喜ばれます。
中身を鶏ひき肉でヘルシーにして、さらにおからを加えてみました。
揚げてしばらく時間がたっても、パリパリ感が保たれます。

1人分の熱量211kcal、糖質22.1g

材料（4人分）
おから　50g
むきえび　80g程度
長ねぎ　1本
鶏ひき肉　50g程度
片栗粉　大さじ2
酒　大さじ1
塩　ひとつまみ
白こしょう　適宜
ワンタンの皮　1袋（24枚前後）
揚げ油　適宜

作り方
1. むきえびは少量の水と塩と片栗粉（各分量外）でもんでからさっと洗い、水分をふき取り、5mm角に刻む。長ねぎは青い部分まですべて粗みじん切りにする。
2. ボウルに1と鶏ひき肉を入れ、片栗粉、酒を加えてよく混ぜる。塩、こしょうをし、おからを加え、全体を均一に混ぜ合わせる。
3. ワンタンの皮に2を小さじ1くらいのせ（のせすぎないこと）、まわりに軽く水をつけてはり合わせ、中に空気が入らないように、三角形に包む。
4. 中火で熱した油で、こんがりと皮が色づくまで揚げる。

＊このままでも味がしっかりしているが、好みでケチャップやスイートサワーソースなどを添えてもいい。

おからも野菜もたっぷりの中華風肉みそ

たっぷりの野菜を細かく刻み、おからを加えた、栄養満点の肉みそです。
フードプロセッサーを使えば作るのも簡単。
野菜はここに書いたものにかぎらず、冷蔵庫に残っているものがあれば、それを活用してください。
ピーマンと赤ピーマンは彩りのために、セロリは風味づけのために入れることをおすすめします。

1人分(10等分)の熱量110kcal、糖質3.6g

材料(作りやすい分量)
キャベツ　100g
にんじん　50g
大根　150g
セロリ　½本
ピーマン　2個
赤ピーマン　1個
野菜の下味用調味料
　（塩　小さじ2、紹興酒　大さじ2）
サラダ油　大さじ2
豚ひき肉　200g
甜麺醤　大さじ1
しょうゆ　大さじ1
オイスターソース　大さじ2
紹興酒　大さじ1
塩、こしょう、四川山椒　各適宜
おから　100g
長ねぎ(みじん切り)　½本分
ごま油　小さじ1

作り方

1　キャベツ、にんじん、大根、セロリ、ピーマン、赤ピーマンは、よく洗ってざく切りにし、フードプロセッサーにかたいものから入れてみじん切りにする。あまり細かくしすぎないように注意する。刻んだ野菜をすべて大きなボウルに入れ、下味用の塩と紹興酒を加えて数分おいてから、ぎゅっと水分を絞る。

2　フライパンを強火にかけ、サラダ油を入れてよくなじませたら、ひき肉を入れてしばらく焼き、両面に焦げ目をつける。パラパラにほぐしながら炒める。甜麺醤、しょうゆ、オイスターソース、紹興酒、塩、こしょう、四川山椒を加えて肉になじませるようによく炒める。

3　1の水分をよくきった野菜と、おからを加え、水分を飛ばすようによく炒める。

4　長ねぎのみじん切りを加え、さっと混ぜてから、香りづけのごま油をたらす。

おからと卵のあっさりスープ

あまり食欲のないとき、体を温めたいとき、お夜食などに、ローカロリーでおなかにやさしいスープです。おからと卵をあらかじめ一緒に混ぜておくのがポイントです。

1人分の熱量95kcal、糖質1.8g

材料(4人分)
卵　2個
おから　80g
長ねぎ　1本
ごま油　小さじ2
中華スープ　720mℓ
塩、こしょう　各適宜

作り方
1　ボウルに卵を割り入れてよくときほぐし、おからを加えて混ぜる。
2　長ねぎは4cm長さのせん切りにする。
3　鍋を強火で熱し、ごま油を入れてなじませ、2を入れて炒める。香りが出てきたら中華スープを注ぎ入れ、ふつふつしてくるまで加熱する。
4　1をふんわりと3の鍋に流し入れて、火を止める。塩、こしょうで味を調える。

おからと山芋の
おやき3種

手軽にできて、ちょっと見た目もかわいいおやきです。
おからと芋類はとてもよく合うので、おからを加えることで、
通常使う小麦粉も使わずにすみ、糖質は少なめで栄養価はアップします。
焼きたてのふかふかを、おやつにも、ちょっとしたおつまみにも。

1人分(各1個、計3個分)の熱量267kcal、糖質19.4g

材料(4人分、12個分)
山芋　250g
卵　4個
おから　200g
片栗粉　大さじ3
サラダ油　大さじ1
しらす干し　大さじ2
干しえび　大さじ2
青のり　小さじ2
練りがらし、ソース、酢じょうゆなど
　各適宜

作り方
1　山芋は皮をむいてすりおろす。時間とともに色が変わるので、手早くボウルに入れ、卵を割り入れて、よく混ぜる。おから、片栗粉も加えてよく混ぜる。
2　フライパンを強火で熱し、サラダ油を入れてよくなじませたら、火を中火に弱め、1のたねをホットケーキを焼く要領で、直径7cmほどの円形に3枚流し、上にしらす干し、干しえび、青のりの¼量ずつをそれぞれのせる。
3　焼き目がきれいについたら、返して裏面もこんがり焼く。練りがらしを添え、好みでソースや酢じょうゆでいただく。

おからでごちそう

おからを使った、おもてなしにも向く料理。「食餌療法中でね」などとおっしゃるお客さまにいかがでしょう。

おからで洋風おもてなし

おからは、低カロリーで、糖質オフができて……と
栄養面、健康面ばかりクローズアップされがちですが、
実にすぐれた立派な食材なのです。おもてなしのお料理にも、
しっとり感を出したり、簡単にできたり、
そして意外な使い方で驚かせたり、多様な使い方ができます。
このレシピを、外国から来られたお客さまにお出ししたら、
とても喜んでいただけました。
そしてOKARAっていったいなに?!という話で盛り上がりました。
私の夢は、こんなにおいしくて健康にもいいすばらしい食材を、
世界中の人たちにもっと知ってもらうことです。

おからのディップ5種
基本のディップは1人分(5等分)の熱量204kcal、糖質1.3g

おからとアボカドの冷製スープ
1人分の熱量101kcal、糖質1.4g

ウィークエンドケーキ
1人分(8等分)の熱量245kcal、糖質29.2g
(作り方p.81)

おからのパエリャ
1人分の熱量377kcal、糖質6.4g

おからのディップ5種

基本のディップを多めに作っておき、
あとは、それぞれの材料を加えていくことで簡単にでき、
見た目も楽しいディップなので、
人が集まるときなどに最初にお出しするおつまみにも最適です。
ハイカロリーになりがちな普通のディップと違って、
あっさりはしていますが、味はしっかり。
何種類か用意できるときは、追加の材料を考え、
カラフルな彩りになるようにすることをおすすめします。
バゲットやクラッカー、野菜スティックにつけて召し上がってください。

1人分(5等分)の熱量と糖質。
おからアボカドディップは100kcal、0.6g
おからツナディップは82kcal、0.4g
おから明太子ディップは60kcal、0.6g
おからとほんのり甘いチーズとマーマレードのディップは76kcal、2.4g
おからとルバーブの甘酸っぱいディップは65kcal、4.6g

基本のディップ
材料(作りやすい分量)
おから　150g
マヨネーズ　125g
プレーンヨーグルト　20g
塩　小さじ1
こしょう　適宜
作り方
すべての材料を混ぜ合わせる。

おからアボカドディップ(緑色)
材料(作りやすい分量)
基本のディップ　70g程度
アボカド(完熟のやわらかいもの)　1個
作り方
アボカドは皮をむき、果肉を取り出してよくつぶしてから、基本のディップと混ぜる。

おからツナディップ(薄茶色に緑色)
材料(作りやすい分量)
基本のディップ　70g程度
ツナ缶詰(オイル漬けでも水煮でも)　1缶(75g)
万能ねぎ(小口切り)　1本分
作り方
ツナ缶は水分を軽くきり、細かい小口切りにした万能ねぎと一緒に基本のディップと混ぜる。

おから明太子ディップ(薄い桃色)
材料(作りやすい分量)
基本のディップ　70g程度
明太子(皮から卵をしごき出す)　半腹分
作り方
明太子を基本のディップと混ぜる。

おからとほんのり甘いチーズとマーマレードのディップ(薄いオレンジ色)
材料(作りやすい分量)
基本のディップ　70g程度
クリームチーズ　大さじ2程度
皮つきオレンジマーマレード　大さじ1
作り方
クリームチーズを室温でやわらかくし、マーマレードと一緒に基本のディップと混ぜる。

おからとルバーブの甘酸っぱいディップ(濃いピンク色)
材料(作りやすい分量)
基本のディップ　70g程度
ルバーブジャム　大さじ2
作り方
基本のディップとジャムを混ぜる。ジャムは好みの種類で。

おからとアボカドの冷製スープ

材料も少なく、とても単純なスープなのですが、
これが意外なおいしさなのです。
おからの食感が全くじゃまになりません。
このレシピでは、アボカドの質がとても重要です。
完熟してやわらかく、
緑色の美しいものを使いたいので、
信頼できる店で買い求めてください。

材料(4人分、小さめのグラス1杯ずつ)
完熟のアボカド　1個
　(中が茶色くなっていない緑色の美しいもの)
おからパウダー　大さじ1
プレーンヨーグルト　大さじ3〜4
スープストック　400㎖
塩　小さじ½〜1
黒こしょう　適宜
生クリーム(飾り用)　適宜

作り方

1 アボカドは皮をむいて種を取り、ミキサーに入れる。おからパウダー、ヨーグルト、冷やしたスープストックも入れて、よく攪拌する。

2 味をみて、塩、こしょうで調味する。

3 生クリームを上に少したらして飾る。

おからのパエリャ

シーフードや鶏肉、カラフルなパプリカなど、
ゴージャスなパエリャ。
普通はお米で作る料理です。
糖質制限の食事をしている人は、
今まで我慢をされていたのではないでしょうか?
でもこのおからのパエリャなら
安心して召し上がっていただけます。
いさぎよく、全くお米を使わず、
おからだけで作ってみました。
味は普通のパエリャと何の遜色もありません。
具のうまみやサフランの香りを
たっぷり吸い取ったおからは、
今までのおからとは全く別物のおいしさです。

材料(4人分)

玉ねぎ　中¼個	白ワイン　大さじ3〜4
きのこ(マッシュルームや	ターメリック
しめじなど)　½パック	小さじ1〜2
赤パプリカ　¼個	オリーブ油　大さじ4
黄パプリカ　½個	トマト缶詰　½缶
ピーマン　1個	サフラン　ひとつまみ
鶏骨つきぶつ切り肉	(大さじ3の水につける)
(またはもも肉)　4切れ	おから　200g
するめいか　1ぱい	スープストック　200㎖
有頭えび　中4尾	塩、こしょう　各適宜
むきえび　中4尾	パセリ
殻つきの貝(ムール貝、	(葉の部分をみじん切り)
あさり、はまぐりなど)	2本分
4個	

作り方

1 具の準備をする。玉ねぎは粗みじん切り、きのこはマッシュルームなら3㎜の薄切り、しめじなら小房に分けて長いものは半分に切る。パプリカとピーマンは種を取って同じようにくし形切りにする。鶏肉は軽く塩、こしょうをする。いかはわたを取り、胴の部分は皮つきのまま輪切りに、足の部分は先端1㎝を切り落とし、2本ずつに小分けして、長い足は5㎝程度に切る。貝は砂抜きしてよく殻を洗う。

2 フライパンにオリーブ油大さじ2を熱し、玉ねぎを入れて炒めながら、鶏肉と背わたを取った有頭えびを入れて、こんがりと両面を焼く。パプリカ、ピーマン、いかとむきえびはさっと炒めて取り出す。鶏肉と有頭えびはほぼ火が通ったら取り出す。きのこを入れて炒める。

3 そのままのフライパン(具のうまみが残っている)に白ワインを入れ、貝を入れてふたをして蒸焼きにする。殻が開いたら、すぐにフライパンから取り出す。

4 同じフライパンにターメリックを入れ、炒めて香りを出す。香りと色が出たら、オリーブ油大さじ2、トマト缶詰(汁ごと)、サフラン(つけ汁ごと)を足して、おからとスープストックを加える。フライパンの底からへらでうまみをこそげ取るようにして、玉ねぎときのことおからを混ぜながら、水分をすべて吸わせる。全体をときどき混ぜながら、焦げつかないように味を含ませる。味を見て、足りないようなら塩、こしょうで調味する。

5 ほぼ水分が見えなくなってきたら一度火を止め、上に **2** で焼き目をつけた鶏肉をのせ、ふたをして、1分程度加熱する。

6 ふたを取り、**2** で焼き目をつけた残りの具をきれいに上に並べてパセリを散らす。そのまま食卓に出す。

おからで和食のおもてなし

やはり和食の味つけがぴたっとくる……とお思いの方もいらっしゃるでしょう。
ちょっと変わったおからの使い方をして、お客さまにも出せるレシピをご紹介します。

おからと柿の白あえ
1人分の熱量117kcal、糖質10.2g

卯の花汁
1人分の熱量23kcal、糖質2.2g

おから白玉小豆
1人分の熱量103kcal、糖質17.9g

おからのもちもち麩と野菜の炊合せ
1人分の熱量302kcal、糖質28.5g

おからと柿の白あえ

あえ物、特に豆腐を使った白あえは、
丁寧に作ったものはとてもおいしいのに、
自分で作る人は少ないようです。
それはあえ衣を作るのに手間が
かかるという先入観があるからだそうですが、
そんな方にぜひこのレシピをお伝えしたいものです。
豆腐の水きりなど不要、
なぜならおからを一緒に加えることで、
水分をおからが吸ってくれるからなのです。
いろいろな具材で楽しむことができますが、
秋の時期の柿の白あえは、
柿の甘さとごまのうまみの相乗効果で、
大変においしいものです。

材料(4人分)
柿(富有柿などの大きな甘柿でかたいもの)　1個
生ハム　2枚
あえ衣
┌ おから　40g
│ 木綿豆腐　100g
│ うす口しょうゆ　小さじ1弱
│ みりん　小さじ2
│ めんつゆ　大さじ1
│ 練りごま　大さじ1
└ 砂糖　小さじ2

作り方
1 柿は皮をむき、拍子木切りにする。生ハムは5mm角程度に切る。
2 あえ衣を作る。すべての材料を、フードプロセッサーでなめらかになるまで撹拌するか、すり鉢でする。
3 大きなボウルに1と2を入れ、さっとあえる。
4 器に中央が高くなるようにこんもりと盛りつける。

おからのもちもち麩と野菜の炊合せ

おからで生麩のような食感の
もちもち麩を簡単に作ることができます。
焼いても揚げても、
甘くておいしいのですが、
ここでは野菜と一緒に炊合せにしてみました。

材料(4人分)
おから　100g
片栗粉　50g
水　100ml
鶏もも肉　1枚
小松菜　80g
にんじん　中1本
里芋　小8個
合せ調味料(だし汁200ml、酒50ml、
　みりん50ml、塩ひとつまみ)
うす口しょうゆ　50ml
ゆずの皮　適宜

作り方
1 おからのもちもち麩を作る。小さなボウルに片栗粉と分量の水を入れ、よく混ぜたところに、おからを加え、全体を均一になるように混ぜる。ラップを広げ、生地を厚さ1cmほどの長方形にのばし、包みながら成形する。電子レンジで2分加熱し、ラップのまま冷まし、4×2cm程度に切り分ける。
2 鶏肉はさっと湯をかけて臭みを抜き、一口大に切る。小松菜は束にして、さっとゆでて軽く絞り、3cm長さに切る。にんじんは皮をむき、厚さ7mm程度の輪切りにする。里芋は皮をむき、大きいものは一口大に切る。
3 鍋に合せ調味料を入れて中火にかけ、鶏肉、にんじん、里芋を入れて中火でやわらかくなるまで煮る。
4 小松菜、おからのもちもち麩、うす口しょうゆを加え、味が全体にしみたら、火を止めて、器にこんもり盛りつける。ゆずの皮を細長く切ってあしらう。

卯の花汁

毎日の食卓に、少しでもおからを取り入れることで、
おなかにもやさしく、
食物繊維をたっぷりとりたい……
という方に、卯の花汁はおすすめです。
毎食のみそ汁におからを少し入れるだけという、
とても簡単な摂取方法だからです。
どうしてもおからが沈みがちになるので、
少し混ぜながらいただきます。

材料(4人分)
だし汁　600ml
大根　4cm
みそ　小さじ3
おから　20g
万能ねぎ　2本

作り方
1 鍋に削り節と昆布でとっただし汁を入れ、皮をむいて
　千六本に切った大根を入れて、少し煮る。
2 みそを溶かし、味をみて薄いようなら少しみそを足
　す。おからを入れて軽くかき混ぜ、火を止める。
3 小口切りにした万能ねぎを散らす。

おから白玉小豆

白玉が大好き！という人は多いですよね。
おからパウダーと片栗粉で
もちもちの白玉ができます。
食感にそんなに大きな差はなく、
糖質は控えめ。
パウダーは保存がきくので、
いつでも作ることができます。

材料(4人分)
おからパウダー(超微粉)　大さじ5
片栗粉　大さじ5
水　150ml
ゆで小豆　大さじ4

作り方
1 ボウルに分量の水を入れ、おからパウダーと片栗粉を
　加えて、へらで均一になるまでよく混ぜ、一つにまと
　める。
2 24等分して、一つ一つをきれいに丸め、中央を少しへ
　こませてくぼみを作る。
3 鍋に湯を沸かし、2の白玉を入れ、浮き上がったら網
　じゃくしですくい取る。冷水に入れて冷やし、水気を
　きる。
4 器に白玉を盛り、ゆで小豆を添える。

おからで中華のおもてなし

中華料理はカロリーが高い、とか、
せっかくの中華なのにご飯を制限中……などと思っている人に。
おからを活用したこんなメニューだったら、カロリーのことも
糖質のことも心配なく楽しむことができますよ。
肉だんごも、動物性の脂を減らしておからが活躍。
チャーハンは全くお米を使っていません！　ぜひお試しください。

卵の花中華風
1人分の熱量170kcal、糖質2.4g

おから入り肉だんごの甘酢あんかけ
1人分の熱量274kcal、糖質15.7g

おからのチャーハン
1人分の熱量279kcal、糖質3.8g

卯の花中華風

おから料理の定番、卯の花。
たまに目先を変えたいときに、
こんな味つけの中華風はいかがでしょう。
ご飯によし、酒のおともに、お弁当に。
男性や子どもにも喜ばれます。

材料(4人分)
干しきくらげ　3g
鶏もも肉　150g
塩　小さじ½
酒　大さじ2
きゅうり　1本
おから　280g
中華スープ　300mℓ
うす口しょうゆ　小さじ2
ごま油　小さじ1

作り方

1　中に入れる具の準備をする。干しきくらげはさっと水洗いをしてから、ぬるま湯に20分程度つけてもどす。3mm程度の細切りにする。

2　鶏もも肉は包丁を入れて厚さを均一にして塩をふり、酒をかけて、蒸し器で容器ごと15分程度蒸し、ふっくら蒸し上げる(時間のないときは、ラップをして電子レンジで2分ほど加熱する)。蒸し汁につけたまま粗熱を取り、3mm程度の細切りにする。

3　きゅうりは縦半分に切り、斜めにして厚さ2mm程度の半月切りにして、塩(分量外)をふる。

4　おからと中華スープ、うす口しょうゆを鍋に入れ、中火でときどき混ぜながら、味をおからに煮含める。そこにきくらげ、鶏肉を加え、味をなじませ、火を止める。水気を絞ったきゅうりを加えてさっと混ぜ、最後に香りづけのごま油を加える。

おから入り肉だんごの甘酢あんかけ

中華の定番の肉だんごも、
おからとおからパウダーを使うことで、
通常の肉だんごより、
かなりカロリー少なめで作ることができます。

材料(4人分)
玉ねぎ　小½個
しょうが　10g
おから　100g
豚赤身ひき肉　200g
卵　1個
塩　小さじ½
こしょう　適宜
砂糖　小さじ1
ごま油　大さじ1
しょうゆ　小さじ1
おからパウダー
　(超微粉)　適宜
揚げ油　適宜

甘酢あん用合せ調味料
┌水　大さじ4
│ケチャップ　大さじ3
│砂糖　大さじ2
│黒酢　大さじ2
│しょうゆ　大さじ2
│紹興酒　大さじ2
└みりん　大さじ1
水溶き片栗粉
　(片栗粉1：水3)　大さじ2〜3
パクチー　数本(飾り用)

作り方

1　玉ねぎはみじん切りにして、ラップをかけて電子レンジで2分加熱して冷ます。しょうがはよく洗って、皮ごとすりおろす。ボウルにおから、ひき肉、玉ねぎ、しょうが、卵、塩、こしょう、砂糖、ごま油、しょうゆをすべて入れて、よく手で混ぜる。なめらかになったら、ほぼ12等分して、空気を抜きながら丸く成形する。

2　1におからパウダーをまぶし、やや低め(160〜170℃)の揚げ油でじっくり揚げる。浮いてきたら上げて、油をきる。

3　甘酢あんの材料をすべてフライパンに入れて、混ぜながら加熱する。沸騰したら火を弱め、混ぜながら、水溶き片栗粉を少しずつ加える。均一にとろみがついたら、2の肉だんごを入れて、全体にあんをからめる。

4　上にパクチーなどの葉を飾る。

おからのチャーハン

チャーハンといっても、
ご飯を全く使っていません。
おからで、どんなふうにすれば
パラリとチャーハンのような食感が出るか、
いろいろ試してこのレシピに決めました。
糖質を気にしてチャーハンをあきらめている人に、
ぜひ召し上がっていただきたいです。

材料(4人分)
長ねぎ　1本
豚切落し肉　120g
卵　2個
おから　280g
サラダ油　大さじ3
塩　小さじ½
こしょう　適宜
オイスターソース　小さじ2
しょうゆ　小さじ1

作り方
1　長ねぎは青い部分までみじん切りにする。豚肉は1cm
　　幅に切る。
2　ボウルに卵を割り入れてときほぐし、おからも加えて
　　混ぜる。
3　フライパンを強火にかけ、サラダ油を入れて、よくな
　　じませたら、豚肉を入れて炒める。全体的に色が変わ
　　ったら、強火のままで2の卵とおからを一気に入れ、
　　へらで混ぜながら炒める。かなりほぐれてきたら、長
　　ねぎも加えて炒める。
4　火を中火に弱め、塩、こしょう、オイスターソースで
　　調味し、味をみて、足りないようであれば塩を足す。
　　最後に鍋肌からしょうゆを回し入れ、香りをつける。

やっぱりスイーツも！

ダイエットしていたり、糖質制限をしていても、
甘いものも食べたいですよね。
おからのスイーツは、糖質オフとまでいきませんが、
カロリー控えめで、炭水化物も少なく、
通常のものよりかなり
ヘルシーといえます。

おからのキャロットケーキ

にんじんには抗酸化作用のある
ベータカロチンが多く含まれているので、
適度に上手にとりたい野菜です。
油溶性なので油と一緒に調理することで、
その吸収率は、7倍以上も上昇します。
にんじんが苦手な人でも、このケーキならきっと大丈夫。
とってもおいしいですから！

1個分の熱量160kcal、糖質13.9g

大人のチョコレートケーキ

前著『おから、豆腐、豆乳、野菜のお菓子』で、
大変においしいと好評をいただいたおからのガトーショコラ。
今回は、手軽なおからパウダーを使い、
少し大人向けにブランデーとナッツやフルーツで変化をつけてみました。
変わらずこのレシピも多くの方のお役に立てますように。

1人分(8等分)の熱量219kcal、糖質23.5g

おからのキャロットケーキ

材料(直径7cmのマフィン型10個分)
にんじん　200g
無塩バター　90g
　(20gはにんじんと煮る。70gは室温に戻す)
粗製糖　50g
メープルシロップ　大さじ1
シナモン　小さじ1
卵　2個(卵黄と卵白に分ける)
薄力粉　70g
ベーキングパウダー　小さじ½
おから　80g

作り方
1 マフィン型に薄くバター(分量外)をぬり、薄力粉(分量外)をはたいておく。
2 にんじんはへたを落としてよく洗い、根のところや黒くなっているところを取り除き、皮ごとすりおろし、小鍋でバター20gと一緒にさっと煮て冷ます。
3 ボウルに2の冷めたにんじん、粗製糖、70gのバター、メープルシロップ、シナモン、卵黄を入れて全体を混ぜ、薄力粉とベーキングパウダーをふるい入れ、ゴムべらでよく混ぜる。最後におからを加えて、均一になるまで混ぜる。
4 別のボウルに卵白を入れ、ハンドミキサーで3分程度、しっかりと角が立つまで泡立てる。
5 4を3のボウルに入れて、さっと混ぜる。
6 1のマフィン型に5の生地を等分に入れ、トントンと型を落として空気を抜く。190℃に予熱したオーブンに入れ、180℃に設定して30〜32分ほど焼く。

＊粉糖を飾りにかけてもいい。

大人のチョコレートケーキ

材料(4.5×23×高さ6.5cmのスリムパウンド型1台分)
くるみ　30g
好みのドライフルーツ
　(あんず、いちじく、レーズンなど)
　合わせて100g程度
無塩バター(室温に戻す)　50g
はちみつ　50g
豆乳(牛乳でもいい)　100mℓ
ブランデー　大さじ1
ココア　50g
おからパウダー(超微粉)　20g
薄力粉　20g
ベーキングパウダー　1g
卵　2個
粗製糖
　(泡立ちをよくしてふっくら仕上げたいときは
　グラニュー糖を使う)　50g
溶けない粉糖　少々(飾り用)

作り方

1　パウンド型に薄くバター(分量外)をぬり、薄力粉(分量外)をはたいておく。くるみはフライパンでいり、粗みじん切りに。ドライフルーツも大きいものはレーズンの大きさ程度に刻む。

2　大きなボウルにバター、はちみつ、豆乳、ブランデーを入れ、ココア、おからパウダー、薄力粉、ベーキングパウダーを合わせてふるい入れ、ゴムべらでよく混ぜる。

3　別のボウルに卵を入れて軽くほぐし、粗製糖も加えて軽く混ぜてから、ハンドミキサー(強)に4〜5分かけて、白っぽくもったりとしてくるまで泡立てる。

4　3のメレンゲを半分2のボウルに加えて、へらでよく混ぜてなじませる。そのあと、さらに残り半分を加えて、色の白いところがなくなるようにさっと混ぜる。

5　くるみとドライフルーツも加え、均一に混ぜたら、用意しておいた型に流し込み、トントンと型を落として空気を抜く。190℃に予熱したオーブンに入れ、180℃に設定して40分前後焼く。

6　粗熱を取り、型から出して、ラップでくるんで冷蔵庫でねかせる。1日以上ねかせるとしっとりなじんでさらにおいしくなる。いただくときに粉糖をふる。

おからとかぼちゃと紫いものさくさくクッキー

おからパウダーを使った、さくさくに仕上がるかわいいクッキーです。
黄色いほうはかぼちゃのペーストを、
紫色のほうは紫いもパウダーを使いました。
お好きな型で、また加える野菜や果物も、
季節ごとの旬のものを入れてみてください。

1個分の熱量21kcal、糖質2.1(かぼちゃ)と2(紫いも)g

**抹茶のしっとり
パウンドケーキ**

抹茶は、今やmatchaとして、
世界的にブームになっています。
抹茶のお菓子は、
外国の方にもとても喜ばれます。
このレシピでは、
バターミルクパウダーを加えて、
よりミルキーな風味を加えましたが、
なければ省略しても大丈夫。
小麦粉をあまり使わない、
美しい濃い緑色のケーキを
楽しんでください。

1人分（8等分）の熱量219kcal、糖質21.1g

おからとかぼちゃと紫いもの
さくさくクッキー

材料(直径3cmのクッキー型30個程度×2種類)
無塩バター(室温に戻す)　60g
卵黄　1個分
粉糖　60g
かぼちゃペースト
　(かぼちゃの種と皮を取り、
　1cm厚さに切って蒸すかレンジで加熱して、
　つぶせるほどやわらかくする)　30g
紫いもパウダー　20g
　水　大さじ1
薄力粉　70g
おからパウダー(超微粉)　60g

作り方

1　バターは指で押してやわらかくなる程度まで室温に戻す。ボウルにバター、卵黄、粉糖を入れて、均一になるようへらで混ぜたら、重さを量って2等分にし、別々のボウルに入れる。

2　1のボウルの一つにかぼちゃペーストを、もう片方に水で溶いた紫いもパウダーのペーストを加えて、よく混ぜる。

3　薄力粉を35gずつ、おからパウダーは30gずつ、それぞれのボウルにふるい入れ、さっくり混ぜる。粉っぽさが吸収され、まとまってくればいい。さくさく仕上げたいのであまり練らない。

4　3の生地をそれぞれひとまとめにしたら、厚さ1cm程度にのばし、ラップで生地を密閉して包み、冷蔵庫で1時間以上ねかせる。

5　冷蔵庫から出した生地を、めん棒で厚さ4〜5mmにのばし、好みの抜き型で抜く。オーブンシートを天板に敷き、その上にクッキー生地を並べる。

6　185℃に予熱したオーブンに入れ、175℃に設定して14分焼く。オーブンから出した直後はやわらかく、くずれやすいので注意すること。時間がたつとかたくなってくる。

抹茶のしっとりパウンドケーキ

材料(7×18×高さ6cmのパウンド型1台分)
粗製糖 100g
無塩バター(室温に戻す) 90g
卵 2個
薄力粉 80g
抹茶 10g
ベーキングパウダー 1g
おから 100g
豆乳(牛乳でも可) 30ml
バターミルクパウダー(あれば) 大さじ2

作り方

1 型に薄くバター(分量外)をぬり、薄力粉(分量外)をはたく。

2 大きなボウルに粗製糖とバターを入れ、ハンドミキサーでクリーム状にふんわりするまで、3分くらいかけて攪拌する。

3 ときほぐした卵を3回に分けて 2 のボウルに加える。そのたびにハンドミキサーで30秒程度よく攪拌する。

4 薄力粉、抹茶、ベーキングパウダーを一緒に 3 のボウルにふるい入れ、よくへらで混ぜる。

5 おから、豆乳、あればバターミルクパウダーも加えて、よく混ぜる。

6 型に生地を流し込み、何度か型を軽くトントンと落として空気を抜く。190℃に予熱したオーブンに入れ、180℃に設定して40分前後焼く。表面の割れ目にうっすら焼き目がつく程度が焼上りの目安になる。

7 オーブンから出し、型からはずして粗熱を取る。ラップで包み、冷蔵庫で冷やして、しっとりとさせる。冷蔵庫で1日以上ねかせてから、厚めに切っていただくと、よりおいしい。

おからと桜のシフォンケーキ

ふわっふわで、
食べるとしっとり、
そして弾力も感じられるような
おから入りのシフォンケーキです。
おからパウダーは、
水分をとても多く吸い取るので、
普通の粉を使うレシピに比べて、
少し水分量が多くなっています。

1人分(8等分)の熱量244kcal、糖質26.3g

材料(直径19cmのシフォン型1台分)
卵黄　5個分
卵黄に加える砂糖
　　(上白糖でもグラニュー糖でも
　　　どちらでも)　80g
桜の葉の塩漬け
　　(軽く塩を洗い流して水気をふき取り、
　　　細いせん切りにする)　10枚分
豆乳(牛乳でも可)　120mℓ
サラダ油　70mℓ
おからパウダー(超微粉)　30g
薄力粉　70g
ベーキングパウダー　2g
卵白　5個分
卵白に加えるグラニュー糖
　　(卵白の泡立てをよくするため、
　　　不純物のないグラニュー糖がいい)　70g
クリームオブターター
　　(卵白の泡をキープさせるために加える。
　　　なければ省いても)　小さじ⅓
桜の花の塩漬け　20g
　　(軽く塩を洗い流して水気をふき取り、
　　　半量は一つの花を半分にさく)
粉糖　適宜

作り方

1　大きなボウルに卵黄と砂糖、刻んだ葉を入れ、泡立て器で軽く混ぜ合わせる。

2　豆乳とサラダ油を加えて、全体がなじむように泡立て器で混ぜる。おからパウダーと薄力粉、ベーキングパウダーも合わせて一気にふるい入れ、手早く混ぜる。

3　水分や油分のついていない別のきれいなボウルに、卵白とグラニュー糖の半量、クリームオブターターを入れ、ハンドミキサーで軽く混ぜてから、一気に高速にして3分ほど泡立てる。残りのグラニュー糖を加え、さらに1分ほど泡立て、つやが出て先がピンと立つまで、しっかり泡立てる。

4　2のボウルに3のメレンゲの⅓量程度を加え、泡立て器でよく混ぜる。なめらかになったら残りのメレンゲをすべて加え、さいた桜の花を加える。ゴムべらで、大きく手早く30回くらい混ぜる。

5　シフォン型に生地を流し入れ、軽くトントンと型を落として空気を抜く。この時点で、生地が型の7〜8割程度の量まで入っているのが理想的。

6　190℃に予熱したオーブンに入れて180℃に設定。まず20分焼き、そのあと175℃に下げてさらに20分程度焼く。焼上りの目安は、割れ目にも色がつく程度。オーブンから出したら、瓶の口などに伏せておき、完全に冷めるまでそのままおく。型にナイフを入れて、きれいにはずす。

7　残り半分の桜の花を飾り、粉糖を茶こしでふる。

＊好みで生クリームを六〜七分立て(とろりとするくらい)にして、ケーキに添えても。

おからとルバーブのタルト

ルバーブは欧米でジャムやタルトに
よく使われる野菜の一種です。
見た目はふきのようですが、
味は酸味がきいていて、
りんごやあんずのような
風味があり果物のよう。
赤いものと緑色のものがありますが、
ここでは赤いものを使いました。
色鮮やかなタルトに
おからが入っているとは……
きっと誰にもわからないでしょう。

1人分（10等分）の熱量118kcal、糖質16.9g

材料（直径20cmのタルト型1台分）
皮
- 薄力粉　80g
- おからパウダー（超微粉）　15g
- 無塩バター
  　（冷たい状態で1cm角に切る）　40g
- 粉糖　30g
- とき卵　30mℓ（約½個分）

フィリング
- ルバーブ（赤いもの）　250g
- 砂糖　60g
- レモン汁　½個分
- おから　30g

飾り
- いちじく　1個
- 溶けない粉糖、シナモンパウダー　各適宜

作り方

1. タルトの皮を準備する。皮のすべての材料をフードプロセッサーに入れ、攪拌して一つにまとめる。フードプロセッサーがない場合は、ボウルに材料を入れて、スケッパーでバターを細かく切り刻むようにしながら、全体を混ぜて一つにする。ラップに包んで厚さ1cmほどの円形にまとめ、冷蔵庫で30分以上冷やす。

2. フィリングを作る。ルバーブはよく洗い、2cm程度にざくざく刻んで鍋に入れ、砂糖、レモン汁を加えて中火で煮る。5分程度で形がなくなり、どろりとしてきたら、おからを加え、軽く混ぜてから火を止め、冷ます。

3. 1の生地を包んでいたラップを台に敷き、中央に生地を置き、生地の上に大きめに切ったラップをのせ、その上から、めん棒で2mm程度の厚さにのばす。タルト型の高さもカバーできる程度の大きな円形にのばしたら、上にのせたラップをそっとはがし、タルト型を逆さにして生地の中央にのせ、下に敷いたラップごとひっくり返し、生地を型にしっかりと敷き込み、ラップをはがす（写真参照）。はみ出た生地はカットする。生地が薄い部分などがあれば、つぎ足しに使ってもいい。

4. 生地の底面にフォークで数か所穴をあけてから、オーブンシートを敷き込み、上にタルトストーンなどで重しをする。

5. 200℃に予熱したオーブンに入れ、190℃に設定し、うっすら色づく程度に12分ほど焼く。

6. 重しとオーブンシートをはずし、2のフィリングを流し込み、上を平らにして、再度オーブンで180℃で20分程度焼く。

7. 粉糖とシナモンパウダーを合わせて縁にふり、中央に切ったいちじくを飾る。

＊上に飾るフルーツは、季節のやわらかいものをお好みでどうぞ。写真は中心に生のルバーブを飾っている。

タルト型を生地の中央に逆さにのせる。

ラップごとひっくり返す。

おから&ナッツ&
フルーツグラノーラ

朝食にパパッとヨーグルトにかけていただいたり、
ちょっとおなかがすいたときのおやつにつまんだり。
グラノーラは常備しておくととても便利です。
これにもおからが加わることで、
栄養的にも高たんぱく質になり、ますますパワーアップ。
食べてみると、どこがおからなの？
ときかれることが多いのですが、しっかり使っています。

1人分(8等分)の熱量214kcal、糖質17.1g

材料の配合は好みで加減して。
フルーツを多めにするか、ナッツを多めにするかで違う味わいに。

材料(40×30cmの天板1枚分)
ナッツ類
　(アーモンド、くるみ、かぼちゃの種、
　ココナッツ、ココナッツファイン
　など)　合わせて70g程度
ドライフルーツ
　(あんず、クランベリー、いちじく、
　バナナチップなど)　合わせて50g程度
オートミール　90g
おからパウダー
　(超微粉でも一般的なものでも)　50g
メープルシロップ　大さじ3
米油(普通のサラダ油でも)　大さじ4

作り方
1. ナッツとドライフルーツの大きなもの(アーモンドやくるみ、いちじくやあんずなど)は5mm角に刻む。
2. ボウルにオートミール、おからパウダー、ナッツ、メープルシロップ、米油を入れ、へらで全体をよく混ぜ合わせ、オーブンシートを敷いた天板にのせて、表面を平らにならす。
3. 170℃に予熱したオーブンに入れ、160℃に設定して15分焼く。一度出して全体を混ぜ、平らにならして、さらに7分(色がかなり濃くなってきたら、時間前でも出す)焼く。
4. オーブンから出したら、刻んだドライフルーツを全体に混ぜ、冷めてから保存用の瓶などに入れる。

おから入りゆずきんとん

きんとん作りには、本来なら米の粉を使うのですが、豆乳とおからパウダーを使って、こんなにヘルシーでおいしい和菓子もできるのです。香りづけにぴったりなのがゆずのジャム。ジャムなら一年中使えますね。あとは白あんさえあれば、すぐにできます。ぜひぜひお試しを。

1個分の熱量74kcal、糖質9.6g

材料(6個分)
- 白あん　200g
- 豆乳　80ml
- おからパウダー　4g
- ゆずジャム　大さじ2
- ゆず果汁(あれば)　小さじ1
- ゆずの皮
  (飾り用。季節でなければ、けしの実やごまなどでも)　適宜

作り方
1. 鍋に白あんと豆乳を入れ、中火にかける。加熱しながら、へらでよく混ぜ、おからパウダーを加えて均一に練るように混ぜる。ほどよいかたさになったら、火を止める。
2. 粗熱が取れたら、ゆずジャムを加えて混ぜ、季節でゆずがあれば果汁も加えて混ぜる。
3. 生地を6等分して、ラップに包んできゅっと丸く絞る。あれば、上に細く切ったゆずの皮をあしらう。

おからと梅のこはくかん

6月には毎年青梅と氷砂糖で
シロップを作ります。
その漬け終わった梅……。
エキスが出てしまっているとはいえ、
まだまだおいしく香りもいい。
おからと合わせて寒天で
固めてみたところ、
少しざくっとした食感が
なんともいえない、
食物繊維が豊富な冷菓子ができました。

1人分（15等分）の熱量71kcal、糖質16g

材料（16.5×14×高さ3.5cmの流し缶1台分）
梅のピュレ　200g
水　400ml
砂糖　130g
おから　120g
粉寒天　10g

作り方
1. 梅のピュレを作る。梅シロップを漬けたあとの梅の種を取り除き、フードプロセッサーかミキサーで撹拌し、ピュレ状にする。
2. 鍋に1のピュレと分量の水、砂糖を入れ、中火にかけて、焦げつかないように注意してへらで混ぜる。おから、粉寒天も加え、へらで混ぜながら2〜3分煮て、寒天を完全に溶かす。
3. 火から下ろし、鍋の底を冷水で冷やしながら、鍋の中をへらで混ぜ続ける。とろみがついてきたら、ぬらしておいた型に流し込み、冷蔵庫で冷やし固める。

＊梅のピュレは、まとめて作って密閉容器に入れ、冷蔵庫で保管しておくと便利。

●梅シロップの作り方
青梅は水で洗い、へたを竹串か楊枝で取り、水分をふき取る。消毒した保存瓶に、青梅1kgと、同量かやや少なめの氷砂糖を少しずつ交互に入れ、最後に100mlの酢を入れ、涼しい場所で保管する。2週間程度で、梅のエキスが充分に出て、梅シロップができる。このまましばらく漬けておくと、色も味も濃くなる。梅は2か月くらいで取り出し、ピュレにして冷蔵保存する。

おからパウダーでもっとヘルシーに

おからは、基本的には"なま物"なので、なるべく新鮮なほうが風味よくおいしくいただけます。
密封して冷凍保存したものを自然解凍して使うこともできるのですが、
もっと手軽におからをいただく方法……それが、おからパウダーです！
おからパウダーは、おからを乾燥させ、細かい粉状に加工したもの。
普通の小麦粉などと同じように保存でき、思い立ったときに使うことができます。
最近は、手軽にスーパーや通信販売などでも購入できるようになってきました。
発売元によって、粒の大きさや香りなどにもかなり違いがあるのですが、
私は北海道札幌市の「ユウテック」さんというところで販売している、
「超微粉おからパウダー」を使っています。
おからパウダーは粉末になっていることで、生のおからとは違った特性があります。
それを生かした利用法を、いくつかご紹介いたします。

左は生おから。右は超微粉おからパウダー。

2タイプのおからパウダー。
左は超微粉おからパウダー（ユウテック）。ほとんどのレシピで使用。
右は一般的なおからパウダー。チキンキエフで使用。

おからパウダーで基本のホワイトソース

ホワイトソースを作るときに、多くの方が抱える悩みは、粉がダマになり、
なめらかなソースにならないということだと思います。
そんなとき、おからパウダーが威力を発揮します！
小麦粉と違って、おからパウダーはダマになりにくいのです。
ですから、おからパウダーなら、
初めにすべての材料を一緒に鍋に入れて混ぜるだけでなめらかになり、
あとはただ、とろみがつくまで煮つめていけば、
とろりとしたなめらかな食感のホワイトソースが簡単にできます。
ホワイトソースを作っておけば、ポタージュスープや、蒸し野菜にかけて焼く簡単グラタンや、
定番マカロニグラタン、かきやチキンのグラタンなど、いろいろに活用できます。

1人分の熱量66kcal、糖質1.7g

材料(4人分)
豆乳(または牛乳)　200ml
バター　15g
おからパウダー(超微粉)　大さじ2⅔

作り方
1 鍋にすべての材料を入れ、へらで混ぜながら中火にかけ、とろりとなめらかにする。
2 4～5分程度、弱火にかけ、混ぜながら好みのかたさになるまで煮つめる。

＊豆乳でも牛乳でも同じように作ることができる。豆乳のほうがやさしい味わいになるが、ミルキーな味を求めるなら、やはり牛乳で。

鍋底が見えるくらいがかたさの目安。

おからパウダーでヘルシー揚げ物

小麦粉をたくさんまぶして揚げたり、パン粉をたっぷりつけて揚げたりすると、
吸油率の高い薄力粉は油を多く吸い、
その結果、カロリーが高くなってしまいます。
揚げ物をヘルシーに仕上げるには、吸油率を下げる工夫が重要です。
薄力粉に比べて吸油率が低いおからパウダーを、揚げ物でも活用しましょう。
おからパウダーは、製造元によって粒子の細かさがかなり違います。
フリッターや揚出し豆腐には「超微粉おからパウダー」を、
フライのように仕上げたいチキンキエフには、
少し粒が大きいおからパウダー
（カイラスコーポレーションの
「おからドライフレーク」など）を
使うといいでしょう。

白身魚のフリッター
1人分の熱量215kcal、糖質4.5g

チキンキエフ、バジルソース添え
1人分の熱量584kcal、糖質4.8g

揚出し豆腐の大根おろし添え
1人分の熱量168kcal、糖質4.9g

白身魚のフリッター

ふわふわの衣がおいしいフリッターにも、
おからパウダーを使っています。
揚げ物の中でも油を吸いやすいフリッターの衣を、
少しでもカロリー少なめに。

材料(4人分)
白身魚の切り身
　　(すずき、ひらめ、鯛など)　4切れ
塩、こしょう　各適宜
おからパウダー(超微粉)　大さじ1〜2
衣
├ 薄力粉　20g
├ 片栗粉　10g
├ おからパウダー(超微粉)　5g
├ ベーキングパウダー　小さじ½
├ サラダ油　小さじ1
├ 水　100ml
└ 卵白　1個分
揚げ油　適宜
レモン、イタリアンパセリ　各適宜

作り方
1. 白身魚の切り身は二つに切り、表裏に軽く塩、こしょうをふり、おからパウダーをまぶす。
2. 卵白はきれいに水分をふき取ったボウルに入れ、ハンドミキサーでしっかりしたメレンゲになるまで泡立てる。別の大きなボウルに薄力粉、片栗粉、おからパウダー、ベーキングパウダー、サラダ油、分量の水を入れ、泡立て器でよく混ぜ、そこに泡立てた卵白を加えて、全体が均一になるように混ぜる。
3. 1の切り身を2の衣にくぐらせ、全体にしっかり衣をつけ、170℃の中温の油で揚げる。
4. レモンとイタリアンパセリを添えて。

白身魚におからパウダーをまぶしてから、衣をつける。

薄力粉、片栗粉、おからパウダー、
ベーキングパウダー、サラダ油、
水と泡立てた卵白で、フリッターの衣を作る。

チキンキエフ、バジルソース添え

ウクライナの首都であるキエフの名物料理
「チキンキエフ」は、
本来は中からバターがとけ出したのを
つけて食べるものですが、
ここではバターの代りにチーズを使いました。
小麦粉、片栗粉をいっさい使わず、
おからパウダーと卵だけで作る、
糖質制限をしている人にも
召し上がっていただけるレシピです。
バジルソースなどで、
味に変化をつけて。

材料(4人分)
鶏胸肉　2枚
とけるチーズ　40g
塩、こしょう　各適宜
おからパウダー
　　(超微粉でないもの)
　　適宜
卵　1個
揚げ油　適宜
バジルソース
　　(市販品)　大さじ4
カリフラワー
　　(小房にしてゆでる)
　　適宜

ざらっとした舌ざわりが欲しいので、
チキンキエフには、超微粉でない、
一般的なおからパウダーを使う。

作り方
1. 鶏肉は1枚を半分に切り、包丁で切れ目を入れて厚さを均一にそろえる。厚みを半分にするように、包丁で切り目を入れて、とけるチーズをはさみ込む。
2. 全体に塩、こしょうをふり、おからパウダーをまぶし、よくといた卵にくぐらせる。手を使うと手に卵と粉がくっついてしまうので、菜箸を使うといい。
3. 再度おからパウダーと卵をつけ、最後におからパウダーを全体につける。
4. 180℃の油でしっかりと揚げ、バジルソースを添え、つけ合せのカリフラワーも添える。

おからパウダー、とき卵、おからパウダー、
とき卵、おからパウダーの順番で鶏肉にまぶす。

揚出し豆腐の大根おろし添え

おからパウダーの吸水性を利用して、
大根おろしに混ぜることで、
大根からたくさん出る水分も
一緒にいただけるようにしました。
大根おろしの栄養分は、
おろしから出る水分に多く含まれています。
それをしっかりおからパウダーで吸収することで、
栄養を逃さずいただくことができ、
見た目も美しく仕上がります。
味は、おからが入っているとは全くわかりません。

材料(4人分)
木綿豆腐　1⅓丁
おからパウダー(超微粉。まぶし用)　適宜
揚げ油　適宜
大根　10cm程度
おからパウダー(超微粉。大根おろし用)　小さじ2
しょうが(すりおろし)　適宜
めんつゆ(希釈して)　80㎖程度

作り方
1. 豆腐は1丁を6等分のさいころ状に切る。
2. 1の豆腐の全面に、おからパウダーをまぶし、揚げ油でカラリと揚げる。
3. 大根は皮をむいてすりおろし、おからパウダーを加えて混ぜる。
4. 揚げた豆腐を器に盛り、たっぷりの大根おろしを天盛りにして、さらにおろししょうがものせる。つゆを適宜張る。

豆腐におからパウダーをまぶす。
おからパウダーが豆腐の水分を吸ってくれるので、
水きりをする必要はない。

おからパウダーは、ポタージュスープのとろみつけにも！

いろいろな野菜で作るポタージュスープは、とろみつけに小麦粉や片栗粉でなく、
おからパウダーを使えば糖質オフ。
高たんぱく質でローカロリーのポタージュです。

カリフラワーのポタージュスープ
1人分の熱量47kcal、糖質2.9g

赤パプリカのポタージュスープ
1人分の熱量(クルトン含まず)80kcal、糖質5.5g

マッシュルームのポタージュスープ
1人分の熱量86kcal、糖質3.9g

カリフラワーのポタージュスープ

朝食にも向く、カリフラワーの、
やさしい味のスープです。

材料(4人分)
カリフラワー　½個
固形スープのもと　1個
水　600mℓ
おからパウダー(超微粉)　大さじ2
ローリエ　1枚
豆乳　200mℓ
塩、こしょう　各適宜

作り方
1 鍋に分量の水と固形スープのもとを入れて溶かし、小房に分けたカリフラワーをやわらかくなるまでゆでる。1房だけ飾り用に取り分け、あとはスープごとミキサーに入れ、おからパウダーも加えて攪拌する。
2 1を鍋に戻して弱火にかけ、ローリエと豆乳を加えて少し煮込む。塩、こしょうで調味する。
3 取り分けたカリフラワーを上に飾る。

赤パプリカのポタージュスープ

赤パプリカは甘みも栄養分も多いすぐれた野菜で、
スープにしても色が美しく仕上がります。
テーブルの彩りにもなる一品。

材料(4人分)
赤パプリカ　大1個
バター　10g
牛乳　200mℓ
おからパウダー(超微粉)　大さじ2
水　600mℓ
固形スープのもと　1個
ローリエ　1枚
塩、こしょう　各適宜

作り方
1 赤パプリカはへたと種を取り、ざく切りにして、焦がさないようじっくりとバターで炒める。
2 ミキサーに1と牛乳、おからパウダーを入れ、パプリカの粒がなくなるまで、よく攪拌し、鍋に移す。
3 鍋に分量の水、固形スープのもと、ローリエを加え、混ぜながら温め、塩、こしょうで調味する。お好みでクルトン(p.82)を散らす。

マッシュルームのポタージュスープ

きのこのうまみたっぷりのポタージュは、
秋冬の人気スープです。
マッシュルーム以外でも、お好みのきのこで。
複数種類を混ぜてもおいしいです。

材料(4人分)
マッシュルーム(好みのきのこで可)　1パック
玉ねぎ　小¼個
バター　10g
牛乳　200mℓ
おからパウダー(超微粉)　大さじ2
水　600mℓ
ローリエ　1枚
塩、こしょう　各適宜
クルトン(p.82)　適宜
パセリの葉(みじん切り)　適宜

作り方
1 マッシュルームは汚れを取り、薄切りにして、同様に薄切りにした玉ねぎと一緒にバターで炒める。
2 ミキサーに1、牛乳、おからパウダーを入れ、野菜の粒がなくなるまで、よく攪拌し、鍋に移す。
3 鍋に分量の水、ローリエを加え、混ぜながら少し煮込み、塩、こしょうで調味する。
4 いただく直前に、クルトンとパセリを散らす。

ウィークエンドケーキ(写真p.44)

ウィークエンドケーキとは、
週末に大切な人と別荘などでいただくお菓子。
レモンのすばらしい香りは皮にあるので、
安心して皮が使える無農薬の
国産レモンの出回る時期にぜひどうぞ。
おからが、ケーキの生地をしっとりさせて、
おいしく仕上がります。
これがおからでできているなんて、
きっと誰も考えもしないことでしょう。

材料
（底が4.5×15×高さ5cmのパウンド型1台分）

- 無塩バター(室温に戻す) 90g
- 上白糖 110g
- 卵(室温に戻す) 2個
- 薄力粉 60g
- ベーキングパウダー 1g
- おから 100g
- 国産無農薬レモン 1個
  （皮の黄色いところだけを薄く削り取り、
  細く切った飾り用を取り分けて
  残りはみじん切り。
  果汁はしぼり、5mℓだけ別に取り分ける）

飾り用
- あんずジャム 適宜
- 粉糖 40g
- レモン果汁 5mℓ(取り分けたもの)
- ピスタチオ 適宜
- レモンの皮
  長さ7mm程度に細く切ったものを8本

作り方

1. 型の準備をする。バター(分量外)を薄くぬり、薄力粉(分量外)を全体に薄くはたいて冷蔵庫で冷やしておく。
2. 大きなボウルにバターと砂糖を入れ、ハンドミキサーでよくすり混ぜてからスイッチを入れて、高速でクリーム状になるまで2分程度かけて泡立てる。
3. 卵を一つずつ割り入れて、そのつど30秒以上かけて高速で泡立て、さらにふっくらとしたクリーム状にする。
4. 薄力粉とベーキングパウダーをふるい入れ、ゴムべらでつやが出てくるまでよく混ぜる。
5. おからと、レモンの皮のみじん切り、レモンの果汁を加え、へらで均一になるよう混ぜる。
6. 準備した型に5の生地を入れ、軽くトントンと型を落として空気を抜き、四隅に生地がきちんとはりつくように、へらでなすりつける。
7. 190℃に予熱したオーブンに入れ、180℃に設定して40〜43分焼く。
8. オーブンから出し、軽くトントンと型を落としてから、粗熱が取れたら型からはずす。完全に冷めたら、上下を逆さにする。底のふくらんでいる部分があれば、平らになるように切り落とす。
9. あんずジャムを上部と側面の全体に薄くぬり、乾かす。
10. 粉糖を取り分けたレモン果汁で溶かし、15秒程度電子レンジで加熱してやわらかくしたら、固まらないうちにすぐにケーキ上面にぬる。細かく刻んだピスタチオと、細く切ったレモンの皮を飾る。

＊ラップで包んで2日くらい冷蔵庫でねかせると、しっとりとなじんでさらにおいしくなる。

おからパウダーのクルトン
全量の熱量286kcal、糖質8.5g

おからで作るクルトンが大活躍！

クルトンというと、スープの浮き実や、
シーザーサラダのトッピングには
欠かせないものですが、
油で揚げたりするため、
カロリーが高くなりがちです。
そこで、おからパウダーで、
クッキーのような簡単クルトンを作ってみました。
これなら高たんぱくで低カロリー。
しかもおいしくいただけます！

**基本のホワイトソースで作る
ほうれん草のポタージュスープ**
1人分の熱量132kcal、糖質4.1g

**おからパウダーのクルトン入り
シーザーサラダ**
1人分の熱量121kcal、糖質2.3g

**おからパウダークッキーと
ベーコンのおつまみ**
1人分（写真の分量）の熱量246kcal、糖質3.9g

おからパウダーのクルトン

多めに作って保存しておき、折々に使いましょう。
ここでは、サラダやおつまみにも使える
レシピをご紹介しました。

材料(作りやすい分量)
おからパウダー(超微粉)　15g
無塩バター　20g
薄力粉　10g
水　大さじ1
パルメザンチーズ　10g

作り方
1 すべての材料をボウルに入れ、よく混ぜてから、7mm厚さの長方形にのばし、7mm角のさいころ状に切る。
2 190℃に予熱したオーブンに入れ、180℃に設定して12分焼く。オーブンから出し、冷ましてから、密封容器で保管する。

基本のホワイトソースで作る
ほうれん草のポタージュスープ

おからで作ったホワイトソースで、
簡単にポタージュスープも作ることができます。
そして、上にはおからパウダーのクルトンをのせて。

材料(4人分)
ほうれん草　150g
ホワイトソース(p.73で作った量)
豆乳(または牛乳)　200ml
スープストック　400〜500ml
バター　10g
塩、こしょう　各適宜
おからパウダーのクルトン　大さじ4

作り方
1 ほうれん草は葉の部分だけをゆで(軸の部分は他の料理に使う)、水気を軽く絞る。
2 ミキサーに1とホワイトソース、豆乳を入れ、ほうれん草の粒がなくなるまで、よく攪拌し、鍋に移す。
3 鍋にスープストックを加え、混ぜながら温め、バターを入れてとかし、塩、こしょうで調味する。
4 器に盛り、いただく直前にクルトンを散らす。

おからパウダーのクルトン入りシーザーサラダ

クルトンといえばシーザーサラダ。
久松農園(茨城県土浦市)から送られてきた、
有機農法の元気いっぱいのレタスやからし菜、紫水菜などを一緒に入れました。
ドレッシングと相まってカロリーが気になるこのサラダも、
小麦粉を極力少なくして、おからパウダーをたっぷり入れたこのクルトンで、
カロリーオフでより高たんぱくに。さくさくのクルトンは、食べる直前にかけてくださいね。

材料(4人分)
ロメインレタス　½束
水菜、からし菜など
　適宜
おからパウダーの
　クルトン　大さじ4

ドレッシング
┌ 牛乳　大さじ2
│ オリーブ油　大さじ1
│ マヨネーズ　大さじ2
│ パルメザンチーズ　大さじ2
│ にんにくのすりおろし
│ 　小さじ½
│ 白練りごま　小さじ1
│ 塩　小さじ⅓
└ 砂糖　小さじ1

作り方
1 レタスその他の葉野菜は、よく洗い、食べやすい大きさにちぎり、水気をよくきる。
2 ボウルにドレッシングの材料をすべて入れ、泡立て器でよく混ぜてとろりとさせ、1の野菜を入れてよくあえる。
3 いただく直前にクルトンを上から散らす。

おからパウダークッキーと
ベーコンのおつまみ

さくさくした食感のチーズ風味の
おからパウダークッキーは、
クルトンを作るついでに焼いておきます。
大きめに切って焼いたものは、
ビールやワインにとてもよく合います。
ころころに切ったベーコンと一緒にどうぞ。

材料(4人分)
おからパウダークッキー(クルトンと同じ材料)　適宜
ベーコン(かたまり)　適宜

作り方
1　おからパウダーのクルトンを焼く際に、7mmの幅の生地を長さ4cm程度に切って、クルトンと同様に焼いてクッキーを作る。
2　クッキーと同じくらいの大きさに切ったベーコンは、各面をこんがりとフライパンで焼き、1と一緒に盛りつける。

おからを食べて、ヘルシーになろう！

　おからは、良質な植物性たんぱく質や脂質、炭水化物、食物繊維、ミネラル、ビタミンなどの栄養素を豊富に含んでいます。中でも食物繊維は、胃や腸で水分を吸収して数十倍にもふくらみ、満腹感を得られますし、腸を刺激し、蠕動運動を活発にして排便を促し、便秘を解消します。さらに、血糖やコレステロールを下げる働きがあります。ミネラルは、骨を丈夫にするカルシウムなどが多く含まれています。

　また、おからに含まれる大豆イソフラボンは、女性ホルモンであるエストロゲンに化学構造が似ているため、植物性エストロゲンとも呼ばれ、アジア人女性では閉経の前後を問わず、乳がんのリスクを下げることが報告されています。また、骨粗鬆症の予防効果も期待されています。
　高橋さんのすてきなレシピで、おからを食べてヘルシーに！

大西睦子

大西睦子(おおにし・むつこ)
ボストン在住内科医師。ハーヴァード大学にて、食事や遺伝子と病気に関する基礎研究に従事。著書、雑誌連載多数。

おからパウダーは、朝食メニューにも欠かせません

食が大切とわかっていても、時間のない朝は、
なかなか手をかけた栄養のあるものを
作ることができません。
普通のヨーグルトやスムージー、
オートミールなどに、
さっとスプーン1、2杯の
おからパウダーを加えると、
おからの働きでおなかの中で吸水してふくらみ、
午前中のおなかのもちが違ってくるはずです。
そしておからの働きとして、
特に女性にうれしい美肌、
美爪、美髪効果もあるようです。
毎朝ひとさじを、ぜひ習慣に。

おからと小松菜、バナナのスムージー

すっかり定着したスムージーブーム。
朝たっぷりの野菜を、
酵素を壊さずたくさんいただける
すぐれたメニューです。
一見苦い青汁のよう?ですが、
くせの全くない小松菜と、甘みのあるパプリカ、
バナナで、ほんのり甘くておいしい、
どなたにも喜ばれる味になります。

1人分の熱量99kcal、糖質12.8g

材料(2人分)
小松菜　80g
黄パプリカ　½個
バナナ　小1本
豆乳　200mℓ
おからパウダー(超微粉)　小さじ2

作り方
1　小松菜とパプリカはよく洗って水気をきり、ざく切りにする。バナナも皮をむき、数個に割る。
2　1と豆乳、おからパウダーをミキサーに入れ、よく攪拌する。すぐにいただく。

フルーツヨーグルト

朝食にヨーグルトを召し上がる方も多いでしょう。
そこにも、スプーン1杯のおからパウダーを
ぜひ加えましょう！
おからの栄養分がプラスされるだけでなく
上に分離した水分（ホエー）が
とても栄養のある部分なのですが、
そこもすべておからが吸収してくれるので、
大切なヨーグルトの栄養分を、
もらさず一緒に食べることができます。

1人分の熱量132kcal、糖質19.9g

材料（2人分）
プレーンヨーグルト　200g
おからパウダー（超微粉）　小さじ2
好みのフルーツ
　（りんご、ブルーベリー、バナナ、
　キーウィフルーツなど）　適宜
はちみつ、メープルシロップなどの甘味
　必要に応じて適宜

作り方
プレーンヨーグルトと、おからパウダーを混ぜ、上に好みのフルーツを切ってのせる。必要に応じて、はちみつやメープルシロップをかける。

オートミールのアガベシロップ添え

オートミールもおから同様、
食物繊維たっぷりの食材です。
寒い日の朝、
さっと煮た温かなオートミールをいただくと、
ちょっと幸せな気持ちになります。
好みでシナモンなどスパイスを添えて。
アガベシロップは、
テキーラの材料となる竜舌蘭が原料の甘味料で、
血糖値の上昇を抑える働きがあることから、
最近注目されています。
ほんのりやさしい、くせのない甘味です。

1人分の熱量250kcal、糖質32.5g

材料（2人分）
オートミール　60g
豆乳　400ml
おからパウダー（超微粉）　小さじ2
シナモンなど　好みで
アガベシロップ　大さじ1

作り方
1　鍋にオートミールと豆乳を入れ、弱火で3分程度煮る。火を止めて少し蒸らしてから、おからパウダーを加えて混ぜる。
2　好みでシナモンパウダーをふり、アガベシロップを添えていただく。

愛犬ジローと。 ©Satomi Takehana

高橋典子
(たかはし・のりこ)
慶應義塾大学法学部法律学科卒業。夫の海外赴任に伴い、ロンドン、ニューヨークで各国料理とテーブルセッティングを学ぶ。現在は東京都世田谷区で料理教室を主宰するほか、新聞のweb記事や雑誌の連載、講演活動などでも活躍。一般社団法人「超人シェフ倶楽部」メンバー。子どもの食育や健康な食は一生のテーマ。著書に『おから、豆腐、豆乳、野菜のお菓子』(文化出版局刊)がある。
http://www.nonnoncooking.com

アートディレクション／鷲巣 隆
デザイン／鷲巣デザイン事務所
　　　　　（桑水流理恵、木高あすよ）
撮影／公文美和
スタイリング／綾部恵美子
撮影協力／NONNON cooking salonの皆さん
カロリー計算／佐藤友恵
校閲／山脇節子
編集／平尾容子
　　　浅井香織（文化出版局）

これがおから？な Dailyレシピ
カロリーも糖質もゆるやかにOff

2015年2月2日　第1刷発行

著　者／高橋典子
発行者／大沼 淳
発行所／学校法人文化学園 文化出版局
　　　　〒151-8524
　　　　東京都渋谷区代々木3-22-1
　　　　電話03-3299-2565（編集）
　　　　　　03-3299-2540（営業）
印刷・製本所／株式会社文化カラー印刷

©Noriko Takahashi 2015 Printed in Japan
本書の写真、カット及び内容の無断転載を禁じます。

本書のコピー、スキャン、デジタル化等の無断複製は著作権法上での例外を除き、禁じられています。
本書を代行業者等の第三者に依頼してスキャンやデジタル化することは、たとえ個人や家庭内での利用でも著作権法違反になります。

文化出版局のホームページ http://books.bunka.ac.jp/